空手「組手」戦術の極意55

動画付き改訂版

荒賀道場 監修

メイツ出版

はじめに

２０２０年の東京オリンピックでは、はじめて空手が正式採用されました。これまで世界規模で行われる大会は存在していましたが、これまで以上に空手が世界に普及していくことは間違いありません。

本来、柔道、剣道と並び日本の武道として伝承されてきた空手道ですが、世界規模で行われる主要大会に目を向けてみると、武道からスポーツ、いわゆる『空手道』から競技としての『ｋａｒａｔｅ』にその姿を変えつつあると言えます。その傾向は形と組手の両方で、顕著になっていると言えるでしょう。

本書では、荒賀道場での指導を元に、試合に勝つための戦術や考え方を中心に、試合で効果的な技の出し方などを解説しました。しかし、仮に本書の想定と同じ場面があったとしても、相手や相手との相性などにより、ここで解説した戦術や考え方が必ずしも当てはまるとは言えません。本書を参考に、自身の経験や瞬間の判断などを加えるなどして、さらに上を目指すための資料として活用してください。また、本書はシニアを想定したルールに合わせていますが、組手では各カテゴリーによってルールの違いがあるため、それぞれのルールに照らし合わせて読み進めていただけたら幸いです。

本書の中でも再三触れていますが、組手の試合は恐怖心を伴うことから、単に技術を知っているだけでは試合で活用するのは難しく、他の武道やスポーツよりもいっそう、体で覚えることが重要となります。そのため、何度も繰り返し練習すること、普段の生活から空手を意識しておくことは、上達するためには非常に大切なことです。本書の読者の中から、一人でも多く世界の舞台で活躍する空手家が出てきてくれることを願ってやみません。

荒賀道場　荒賀正孝

※本書は2018年発行の『空手「組手」戦術の極意55 最強道場が教える実戦のコツ』を元に、動画コンテンツの追加と必要な情報の確認・更新を行い、書名を変更し新たに発行したものです。

目次

第一章 試合時間帯別の考え方と進め方 ── 7

目次

第二章 試合場の場所別の攻め方と動き方

第三章 状況別 戦術的打撃テクニック

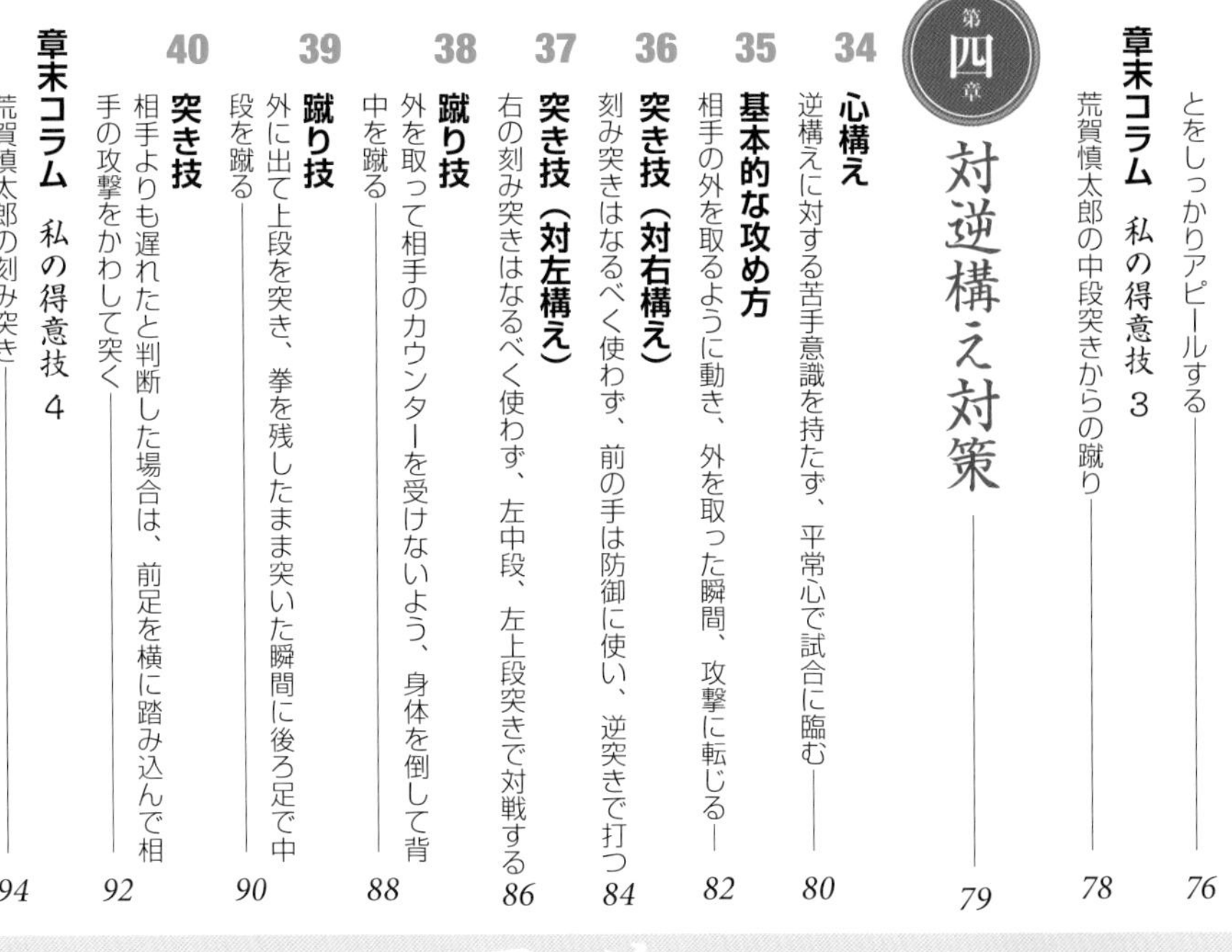

―目次―

第六章 試合前の調整法と試合に臨む際の心構え

本書の使い方

・Point1～3
このページで解説する技を、3つのポイントで解説しています。

・該当Point
左ページで解説しているPoint1～3の、該当場面を記しています。動作順とは限りません。

・二次元コード
第三、四、五章は、一部を除き内容と連動した動画を見ることができます。スマートフォンやタブレットのバーコードリーダー等で二次元コードを読み取り、動画を再生してください。動画を見る際は別途通信料が発生します。ご了承ください。視聴の際の注意事項、パソコンで視聴する方法は127ページで説明しています。

・タイトル
このページで解説する技を、具体的な表現で記載した見出しです。

・ステップアップ
Point以外の大切な事項などを記載しています。

・6分割の連写
このページで解説するメインの技を、6枚の連写で掲載しています。

・本文
このページで解説する技の概要を記載しています。

第一章

試合時間帯別の考え方と進め方

この章では、試合開始直後の相手のタイプの見分け方とタイプに応じた攻め方、試合の進め方を中心に、時間経過とともに変わる状況に応じた考え方や試合の進め方、戦い方について解説していく。

流れ

No.01
試合前

自分の動きを顧みて、攻めるタイプ、待つタイプ、下がるタイプのどれに該当するのかを知る

『彼（敵）を知り、己を知れば百戦危うからず』という言葉があるとおり、組手の試合においても自分を知っておくことは重要だ。自分を知るとは、つまり自分がどのような特徴を持ったタイプの選手なのか、ということ。

組手では、大きく**攻めるタイプ**、**待つタイプ**、**下がるタイプの3タイプ**に分けることができる。この3タイプの特徴をしっかり理解し、自分がどのタイプなのかを認識しておくことで、自分に合った効果的な攻め方、試合の進め方なども知ることができる。

Point 1 攻めるタイプの選手の特徴

攻めるタイプの選手の最大の特徴は、相手の前に入り、常に攻めていく姿勢がある、ということが挙げられる。

そのため、攻めが速く、速い攻撃を仕掛けるタイプは、攻めるタイプの選手といえる。このタイプは、自分の間を覚え、陣取り・判断を速くすると勝率が上がる。

自分から攻める姿勢がある

Point 2 待つタイプの選手の特徴

待つタイプの選手の特徴は、自分から行くこともせず、下がることもしない、ということが挙げられる。

相手が間合いに入ってくるのを待ち、入ってきた瞬間に合わせてカウンター攻撃を仕掛けるタイプは、待つタイプの選手といえる。実はこのタイプの選手は意外と多い。

行くことも下がることもしない

Point 3 下がるタイプの選手の特徴

自分から下がり、相手が出てくるのを待って、それに合わせて技を出そうとするタイプは、下がるタイプの選手だ。

ただし、相手のプレッシャーを怖がり下がってしまう、という行為ではなく、あくまでも相手を自分の間合いに引き込むイメージを持っている場合を指す。

自分から下がり、相手を引き込む

それぞれの特徴を使いこなせるように

組手の試合では、大きく分けると上に挙げた3つのタイプの選手が存在する。それはもちろん、自分のタイプでもあり、相手のタイプを知る上でも、押さえておきたい。

自分の特徴を理解した上で、それぞれのタイプに応じた間合いの作り方を覚え、相手や状況によって使い分けることができればベストだ。また、いずれのタイプの場合でも、相手が動く瞬間を逃さないよう、相手の小さな動き（肩の微妙な動きや足の移動、体の開きなど）をよく見ておくことが重要だ。

試合に勝つためには、守りに入らず攻める気持ちを持ち続ける

組手の試合では、負けたくないという思いやプレッシャーなどから、守りに入ってしまうことがある。ポイントを先取した場合などはなおさらだ。しかし、守りに入ってしまうと結果的に負けてしまうことも多い。

試合終了時点で勝つためには、**途中で守りに入らず攻める気持ちを持ち続けることが重要になってくる**。この姿勢は、逆転されにくくなるという理由だけでなく、C2の反則を防ぐという意味合いもある。最後まで気を抜かず、攻める姿勢を持ち続けよう。

Point 1 攻める気持ちを持ち続ける

試合では負けたくないという思いなどから、守りに入ってしまいがちだ。特にポイントを先取した場合は、より守りがちになる傾向にある。

しかし、攻める気持ちがなくなってしまうと、逆転で負けを喫することも多い。常にプレッシャーをかけ、攻める姿勢を見せておこう。

常に攻める姿勢を見せておく

Point 2 C2の反則に注意しておく

ポイント1で解説した攻める姿勢の重要性は、それが相手の攻撃を受けてしまうから、という理由だけではない。

自分が下がり続けたり、場外に出てしまうなど、C2の反則を取られる原因にもつながるからだ。試合では、常に反則も頭の片隅に入れておくことも重要だ。

C2の反則に注意

Point 3 ポイントを先取している方が有利と知っておく

同ポイントで試合が終了した場合、先にポイントを取った選手の方が有利、つまり勝ちの判定を受けることが多い。

攻める姿勢を評価されるためだ。そういう意味でも、試合に勝つためには、攻める気持ちを持って、相手よりも先にポイントを取っておくことも重要となる。

（青）			（赤）		
No. 1			No. 2		
氏名　〇〇一郎			氏名　△△和夫		
所属　〇〇道場			所属　△△道場		
略記号	マーク	順番		略記号	マーク
中ツ	〇	1	3	中ケ	
上ツ	〇	2	4		C1W
	C2W	6	5	中ツ	

指南 プラス+1 試合に出場して経験を積む

監修の荒賀正孝氏は、現役のとき、最初の数年間は大会に出場しても一回戦ボーイだったと言う。それでも気持ちが折れることなく、常に勝ちたいという気持ちで試合に出続けた結果、5年目に出場した大会で、優勝を成し遂げた。負け続けても試合に出場していたことで、さまざまな多くの経験が蓄積され、それが実を結んだ結果だ。

このように、どのような試合でも出場し、経験を積んでそれを活かそうとする姿勢も、最終的に試合で結果に結び付けるために必要なことのひとつだ。

空手家として上達するためには、恐怖心に打ち勝ち、『見る・聞く・考える』を実践する

No.02では試合に勝つために必要な姿勢を解説したが、ここでは試合以前の、一人の空手家として空手を上達させるために必要な姿勢について解説しておく。

空手家にとって最も大切な姿勢のひとつは、恐怖心に打ち勝つ強い気持ちを持つこと。この姿勢がベースにあってはじめて、強い空手家になれると心に刻んでおこう。その上で、技術や知識を身につけていくことが重要だ。また、その**技術や知識を身につけるためには、『見る・聞く・考える』を実践す**ることも重要になってくる。

Point 1 恐怖心に打ち勝つ強い気持ちを持つ

相手に攻撃され、先にスキンタッチで当てられると、怯んでしまい、攻撃を止めてしまうことが多いものだ。

しかし、それでも怯まずに果敢に攻撃するという、強い気持ちを持つことが重要となる。恐怖心に打ち勝つ強い気持ちを持つことが、強い空手家になるための絶対条件だ。

強い気持ちを持ち続ける

Point 2 相手の攻撃をかわして打つ技術も覚える

相手に先にスキンタッチで当てられても、自分も攻撃する強い気持ちが重要だと解説したが、相手の攻撃をかわしながら、あるいは外しながら攻撃する、攻撃できるように考えるのも重要だ。

かわして打つという技術を身につけることは、レベルが上がれば上がるほど必要だ。

Point 3 『見る・聞く・考える』を実践する

『見る』は相手をよく観察、研究し、自分の攻撃につなげること。『聞く』は、先生や先輩方の教えや意見をしっかり聞くこと。『考える』は、『聞く』で得た知識などを自分なりに考え、創意工夫する姿勢も大切ということ。

これらを実践することで、より高みを目指せる。

五感をフルに活用して覚える

強い人や上手い人などの技を見て、それを自分に取り入れようとしたことがある人は多いのではないだろうか。しかし、スピードや足の運び、スタイルなどを視覚的に捉え、再現しようとしても上手くいかない場合もある。

荒賀氏は現役時代、相手の動きやスピードを視覚ではなく音（リズムやテンポなど）として捉え、再現したところ、習得できた経験があるそうだ。『見る』は視覚だけとは限らない。五感をフルに活用し、質の高い反復練習を行って初めて、習得できるのだ。

試合が始まったら、自分から攻めてみて、その反応で相手のタイプを判断する

No.01では自分のタイプを知ることが重要だと解説したが、『彼(敵)を知り、己を知れば百戦危うからず』という言葉どおり、敵を知ることもまた、試合に勝つためには重要だ。

初めて対戦する相手で、かつ事前情報などもない場合は、試合が始まったら、まずは**自分から攻めてみて、相手がどのような反応をするのか見てみよう**。その反応を見た上で、攻める、待つ、下がるのどのタイプなのかを判断し、戦術に反映させていくことが勝利への近道だ。

Point 1 相手のタイプを知るために攻める

事前情報などもなく、まったく知らない相手と初めて対戦する場合、試合開始直後は、相手が攻める、待つ、下がるのどのタイプに該当するのか見極めることも重要だ。

そのためには、待ったりするのではなく、自分から攻めてみて、相手がどのように反応するのかを観察しよう。

自分から攻めて相手の反応を見る

Point 2 待つタイプの特徴を知っておく

自分が攻めて間を詰めていっても、逆に間を開けても、下がることも詰めることもしないようであれば、待つタイプの選手である確率が高い。

つまり、こちらの攻撃を待ってのカウンター攻撃を得意とするタイプだ。待つタイプと判断した場合は、それに応じた攻めを意識しよう。

下がることも詰めることもしなければ待つタイプ

Point 3 下がるタイプの特徴を知っておく

自分が攻めて間を詰めようとしたとき、引いて間を切るような動きをするようであれば、下がるタイプの選手である確率が高いといえる。

相手を引き込み、出てきた瞬間に合わせて技を出そうとするタイプだ。ただし、怖がって下がっていることも考えられるので、見極めが肝心だ。

下がるタイプは安易に詰めると危険

攻めるタイプの選手には攻め負けない

自分が攻めるまでもなく、相手から間合いを詰めてくるなど、攻める姿勢を見せてくるようであれば、当然、攻めるタイプの選手だ。

この場合、自分も攻めるタイプの場合は、No.05やNo.06で解説するが、絶対に相手に攻め負けない、自分が攻め勝つことを意識することが重要だ。

相手から間合いを詰めてくるようであれば、攻めるタイプの選手といえる

相手が攻めてくるタイプなら、その特徴を逆手に取って攻める

No.**04**では相手のタイプの見極め方を解説したが、その結果、攻めてくるタイプと判断したら、その『攻めてくる』という特徴を逆手に取って攻めるのが効果的と言える。突き技であっても蹴り技であっても、技を出す瞬間というのは、必ず先に身体のどこかが動くものだ。そこで、**まずはその初動を見逃さないよう、注意深く相手の動きを見ておく**ことが重要だ。

そして、相手が間合いを詰めてくるので、自分からは踏み込まず、その場でカウンターを狙えば、ポイントにつながりやすくなる。

Point 1 動く場所を見逃さずカウンターを打つ

相手が攻めてくるタイプの場合は、こちらの攻撃を待つよりも、自分から攻撃してくることが多くなるはずだ。

技を出そうとする際は、必ず身体のどこかの場所・部位、たとえば肩や腰などが動くことになる。その初動を見逃さず、カウンターを狙うのが効果的な攻めのひとつだ。

相手の初動を見逃さないよう注意

Point 2 相手が間合いを詰めるので踏み込まずに打つ

相手が打ってくる瞬間にカウンターを狙う場合、練習のような踏み込んで打つ基本的な打ち方では、間合いが近くなりすぎ、初動動作が遅れる。

このような場合は、踏み込んで打つ必要はなく、相手が間合いを詰めてくることを利用し、踏み込まずに技を出すよう心掛けよう。

Point 3 上体を反らして逃げるような打ち方をしない

カウンターを打つとき、相手の攻撃を避けようとして顔を後ろに反らすような体勢になってしまうと、攻撃していたとしてもポイントにつながりにくくなる。

上体を横に捌いて攻撃をかわすのは構わないが、上体を反らすような体勢は、逃げているような印象になるからだ。

指南プラス+1 下がってしまわないよう注意しておく

下がって間を取りながら相手を引き込むという意味ではなく、相手のプレッシャーに負けて下がってしまうような、逃げるような下がり方はしないように注意しておこう。

戦術的に間を取るために下がるのとは違い、相手にプレッシャーをかけられなくなるばかりか、試合展開的にも精神的にも、より一層、相手に優位に試合を進められてしまう。

下がってしまうと、攻めてくるタイプの相手には、より有利にさせてしまう

相手が攻めてくるタイプなら、相手より先に間合いを作り、カウンターを狙う

No.05では攻めてくるタイプの選手と試合をする際の心得を解説したが、ここではより具体的に、効果的な攻め方を解説する。相手が攻めるタイプの場合は、相手より先に攻めて自分の間合いを作ってしまうことが最重要だ。つまり、相手よりも早く、攻撃の体勢と気を作ってしまうことだ。

その上で**相手が攻撃してくるタイミングをつかみ、カウンターを狙うのが**効果的な攻めとなる。また、手数でも相手を上回るような技術と精神的な強さも求められるので覚えておこう。

Point 1 立ち遅れずに先に攻め優位な状態を作る

試合が開始されたら、相手より先に間を詰めて、自分が優位に試合を進められる状態を作ってしまおう。

立ち遅れ、相手に先に間合いを作られてしまうと、形勢を逆転させなければならなくなる。常に自分が優位な状態を作っておくことが、攻めるタイプと試合するには大切だ。

相手より先に間を詰める

Point 2 攻撃のタイミングをつかみカウンターを狙う

ポイント1で先に自分の間合いを作れると、相手は瞬間的に怯んだり間を切るか悩んだり、あるいは苦し紛れに打ってこようとしたりすることが多い。

そのような場合は、しっかり相手の動きを見ておき、攻撃してくるタイミングに合わせてカウンターを狙うといい。

Point 3 相手に打ち負けないよう手数を出す

相手よりも技を多く出すことが重要だ。ワンツーで終わらせるのではなく、5本連続で突くなど、とにかく手数で相手を上回ることを意識しておこう。

そのためには、連続で技を出せるスキルが必要になってくるので、反復練習で体に覚え込ませておこう。

指南

手数で上回るには精神的な強さも必要

ポイント3で、連続で技を出すには、そのスキルを身につける必要があると解説した。もちろん、連続攻撃を可能とするための技術は必要なのだが、心が折れてしまっては、連続攻撃はできなくなるというもの。

たとえば相手に先に突かれ、自分が怯んでしまうと、逃げることを考えたりする。これでは相手を上回ることはできない。先に一本打たれたのであれば、倍打ち返すくらいの精神的な強さも必要だ。習得した技術は、強い精神の土台の上でこそ、威力を発揮する。

相手が待つタイプなら、フェイントなどでタイミングを崩し、ゆさぶりをかけて攻める

相手が待つタイプと判断したら、その『待つ』という特徴を理解した上で、攻め方を考える必要がある。もし自分が攻めるタイプなら、この『待つ』タイプは、自分が出にくい相手であると言える。当然だが、相手はこちらが出てくるのを待っているからだ。

そこで、**出る際はフェイントを打つなどして相手の動きや打つタイミングを崩す**ことを考えよう。また間合いを詰めたり切ったりしてゆさぶりをかけることも重要だ。その上で相手が動く瞬間を逃さず攻撃に移るのがセオリーと言える。

Point 1 フェイントを入れて相手のタイミングを崩す

相手が待つタイプの選手であると判断した場合、こちらが出てくるのを待っているので、不用意に出てしまうと術中にはまることになる。

前に出る場合は、フェイントを打つなどして、相手の動きや打つタイミングを崩してから入ることを考えなければいけない。

Point 2 ゆさぶりをかけて迷いを生じさせる

待つタイプの相手は、こちらが入る瞬間を狙っているため、間を詰めたり逆に間を切ったりと、動いてゆさぶりをかけよう。

来ると思わせて行かないなど、迷いを生じさせられれば、優位に試合を進められ、入るタイミングを常に悟られないという大きなメリットも生まれる。

間を詰めたり切ったりしてゆさぶりをかける

Point 3 間を詰めて相手が動くその瞬間を逃さない

ポイント2では、間を詰めたり広げたりしてゆさぶりをかけると解説したが、相手が出てくるのは、こちらが間を詰めたタイミングであることが多い。

そこで、間を詰めて相手が動いた瞬間を逃さず、カウンターを狙う準備を常に整えながら、ゆさぶりをかけよう。

間を詰めたときは相手も攻撃してくる

待つタイプは、こちらが間を詰めた瞬間に相手も攻撃してくるものと心得ておこう。基本的には上段あるいは中段の突きを狙っているので、重心の高さを見ておこう。重心が高ければ上段、低ければ中段を狙っている。

また、フェイントで打っておいて、相手が打ってきたところでカウンターを狙うのも効果的だ。この場合、間合いが遠すぎるとフェイントとしての効果がなく、近すぎると相手のカウンターでポイントを取られてしまう可能性があるので、間合いには注意しておく。

相手が待つタイプなら、安易には攻め込まず、フェイントや間合いを変えながら、攻撃のタイミングを読まれないように攻める

No.07では待つタイプの選手と試合をする際の心得を解説したが、ここではより具体的に、効果的な攻め方を解説する。こちらは攻めるタイプであることを想定しているため、待つタイプと試合をする際、安易に攻め込んでしまうと、相手の思うツボだ。

待つタイプを攻める場合は、相手にカウンターを打たれないよう、**フェイントを入れたり間合いを変えたりして相手のタイミングを崩す**ことが重要となる。相手にこちらの攻撃のタイミングを読まれないよう工夫して試合を進めよう。

Point 1 安易に飛び込むとカウンターを打たれる

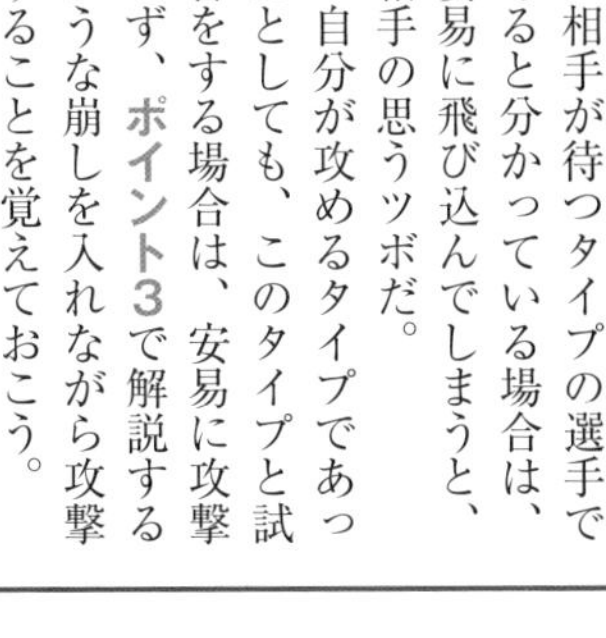

相手が待つタイプの選手であると分かっている場合は、安易に飛び込んでしまうと、相手の思うツボだ。

自分が攻めるタイプであったとしても、このタイプと試合をする場合は、安易に攻撃せず、**ポイント3**で解説するような崩しを入れながら攻撃することを覚えておこう。

Point 2 重心の高さで狙いを読まれる

高い重心

低い重心

特に待つタイプの選手は、こちらの重心の高さを見ていると心得ておきたい。

上段の突きを狙っている場合、こちらの重心は高くなる。中段を狙っている場合は重心が低くなるものだが、そこを見られ、上段狙いなら中段を打たれる可能性が高く、中段なら上段を狙われる。

Point 3 タイミングを崩して相手を攻める

待つタイプの場合、フェイントを入れたり間合いを変えるなどして、相手にタイミングを計らせないようにして攻撃しよう。

フェイントや間合いを変える際は、リズムを変えるなど、規則性を持たせず、不規則な動きで、いつ入るか悟らせないようにすることが重要だ。

不規則な動きの重要性

不規則な動きとは、すっと間を詰めたかと思うと、自ら間を切ったり、右に回り込んだかと思うと、すっと左に回ったりといった具合だ。規則性と不規則の違いは、音に置き換えると分かりやすいかもしれない。

たとえばフェイントを「パッ」と入れたとする。次にフェイントを入れる際も「パッ」では、規則性のあるフェイントになるが、「パッ」の次が「パパッ」であったり「パッ・パパッ」とリズムを変えることで不規則な動きとなり、相手に読まれにくくなるわけだ。

相手が下がるタイプなら、間を空けられないよう注意し、相手のフェイントに合わせて間を詰めて攻める

相手が下がるタイプの場合、相手に下がられ、間を空けられてしまうのを避けよう。相手のペースに引き込まれてしまうからだ。

そこで、**相手が下がったら、こちらも間を詰め、空けられないようにしよう**。相手は間合いを詰められることが嫌なので、フェイントを打って詰められるのを防ごうとする。その瞬間に合わせて、上体を動かさず後ろ足を引き付けて相手に悟られないように間合いを詰め、瞬時に攻撃に転じればいい。間を詰めずに攻撃してしまうと、カウンター攻撃される。

Point 1 間を空けられないよう詰めていく

下がるタイプは、自分から下がることで間を作り、相手を引き込もうとしている。相手の間、つまり間を空けられてしまうと、相手のペースに引き込まれていることになる。

そこで、相手が下がる時には、こちらも間を詰めていこう。これは下がるタイプと対戦するときの第一条件だ。

相手が下がっても間を空けられないように詰める

Point 2 体を動かさずに間を詰める

間合いを詰められると、相手はそれを嫌い、フェイントを打ってくることが多い。

そこで、そのフェイントの際に間を切ってしまうのではなく、体の位置は動かさず、後ろ足を引き付けて前足の近くに移動させよう。こうすることで、相手に気付かれずに間合いを詰めることができる。

Point 3 後ろ足を引き付けた瞬間攻撃に転じる

後ろ足を引き付けたら瞬時に攻撃する

ポイント2で、相手のフェイントのタイミングに合わせて後ろ足を引き付けることを解説した。

つまり、相手がフェイントを入れた瞬間、間を詰めていることになるので、その瞬間を逃さず攻撃に転じることができれば、高確率でポイントを取ることができる。

下がる前提だからこそ攻撃が効果的になる

相手は間合いを詰められることを嫌がりフェイントを入れてくると解説したが、相手は下がって間合いを切ることを前提にフェイントを入れているので、攻撃が効果的であることはない。また、だからこそ、こちらの攻撃が効果的になるわけだ。

なお**ポイント1**では、間合いを詰めることが第一条件と解説したが、常にそれだけ、という考えでは、自分を追い込んでしまうことにもつながりかねない。心に余裕を持たせるためにも、たまには間合いを空けるなど、発想を変えよう。

流れ

開始早々、ポイントを奪った場合は、攻める姿勢を崩さず、攻め急がずにポイントを重ねる

試合が始まってすぐにポイントを取ることに成功すると、意外と陥りがちなのが、ポイントを守ろうとして、待ちの姿勢になってしまうことだ。自分が待つタイプの選手ならいいが、攻めるタイプの選手が待ってしまうと、相手の攻めに防戦一方になってしまい、結果的に逆転負けを喫する、ということが大いにあり得る。

序盤でポイントを奪ったとしても、**攻める姿勢を崩さず、攻め急がずに1ポイントずつを確実に積み重ねていく**意識で試合を進めることが重要だ。

Point 1 待ちに徹してしまい ポイントを守ろうとしない

序盤でポイントを取ってしまうと、意外とやってしまいがちなのが、守りに入ってしまうことだ。

ポイントを守ろうとして待ちになってしまうと、当然、相手はポイントを奪いにくるため、防戦一方になる可能性が高くなる。こうなると、逆転される可能性が高まる。

Point 2 ポイントを積み重ねる意識で試合を進める

ポイント1で、守りに入らないと解説したが、つまりはさらにポイントを積み重ねるべく試合を進める姿勢を持つことが重要だ。

ポイントを積み重ねられれば、相手は焦り、隙を生むことにもつながるため、さらにチャンスが広がる。1ポイントずつを確実に積み重ねよう。

Point 3 大技を出して大きなポイントを狙わない

大技は相手にチャンスを与えてしまう

ポイント2では、1ポイントずつを積み重ねることが重要だと解説したが、せっかくポイントを先取しているのであれば、大技で大きなポイントを狙うのは絶対に避けよう。

大技は当然、隙ができる。また、ミスを誘発することにもつながり、自ら相手にチャンスを与えてしまう。

指南 プラス+1

ポイントを積み重ねることに専念しよう

ポイント2でも触れたが、序盤にポイントを先取したのであれば、焦る必要はない。攻めの姿勢は崩さず、1ポイントずつを積み重ねていくことに専念することだ。

相手も当然、攻めてくる。もし相手にポイントを奪われて、差を詰められてきていたとしても、決して焦ってはいけない。1ポイントを奪い、さらにもう1ポイントを奪うような姿勢で攻め続けることで、相手の焦りを誘発させることができるので、さらに優位に試合を進められるようになる。

開始早々、ポイントを奪われた場合は、焦らずに確実にポイントを積み重ね、大技での巻き返しは狙わない

試合が始まってすぐにポイントを取られてしまうと、まだ残り時間があるにも関わらず、焦ってしまう選手が多いのではないだろうか。焦りは隙を生む。また、焦ることで大技でポイントを巻き返そうとする心理も生まれる。こうなると、隙だけでなくミスも誘発してしまうため、逆に差を広げられてしまいかねない。

そこで、**大技ではなく、焦らずに1ポイントずつを確実に積み重ねていくよう心がけることが重要**だ。ポイントを積み重ねていけば、相手のプレッシャーにもなる。

Point 1 大きい技で返そうとしない

序盤でポイントを取られてしまうと、焦ってしまい、大きな技でポイントを巻き返そうと思ってしまう人は多い。しかし、大技は隙ができ、ミスを誘発する可能性が高い。

つまり、ポイントを巻き返そうとしているにも関わらず、逆にポイントを積み上げられてしまうので、大技は避けよう。

大技で巻き返そうとすると、逆に相手にポイントを取られる

Point 2 1ポイントずつを積み重ねて返していく

序盤でポイントを奪われた場合でも大技ではなく、1ポイントずつを確実に積み重ねていくことが重要だ。

序盤であれば、十分に時間は残されている。気持ちをリセットして、かつ、落ち着かせ、試合が始まったばかりの心境に戻して、ポイントを積み重ねることに専念しよう。

Point 3 焦って攻撃する必要はない

ポイント2でも触れたが、序盤でポイントを奪われたからといって、焦る必要はない。焦りは隙を生み、ミスを誘発するだけだ。

そうなると、ますますポイントを奪われてしまう。落ち着いて、1ポイントずつを確実に積み上げていくことだけを考えて試合を進めよう。

焦りは隙を生み、ミスを誘発する

指南

3つのポイントを実践しないと逆にポイントが開く

ここで解説したポイントを奪われた場合の考え方のポイント1から3までは、絶対に心に刻んでおこう。この3つのポイントのどれかひとつでも欠けてしまうと、ポイントを積み重ねて逆転するどころか、逆にポイントを奪われ、差がますます広がっていってしまうからだ。

No.10でも解説したように、大きなポイントを狙おうとすると、隙やミスができて攻められる。焦りも同様だ。確実に1ポイントずつ奪い、差を詰めていければ、逆に相手を追い詰められる。

ポイントでリードしている、あるいは並んでいても先取している場合は、守りに入らずポイントを積み重ね、安易に攻撃しない

組手の試合では、ポイントで並んでいる場合、ポイント先取した選手が判定では優位になる。そこで、中盤に差し掛かった状態で、ポイントでリード、あるいは先取している場合は、勝ちを意識して守りに入りがちだ。しかし、守りに入ってしまうと、防戦一方になる危険性があるため、攻める姿勢を持ち続けておきたい。場合によっては、逃避行動として先取を失いかねない。

大技は狙わず、安易な攻撃もしないよう心がけ、逆転されるような状況を避けよう。

Point 1 待ちに徹したり守りに入らない

中盤まで差し掛かった時、ポイントでリードしていたり先取していると、どうしても勝ちを意識して、守りに入りがちになってしまうものだ。

No.10のポイントを奪った場合の注意点でも触れたとおり、守りに入ると逆転される危険性が高くなるので、攻める姿勢を持ち続けよう。

Point 2 大技を狙わずポイントを積み重ねる

よほど確実にポイントを奪える状況などでない限り、大技を狙うのは避けよう。

大技は隙ができやすく、またミスも誘発しやすいため、ポイントを奪われる危険性が増すだけだ。中盤であればなおさら、着実に1ポイントずつを積み重ねられるような攻撃に終始するに限る。

Point 3 安易に攻撃してポイントを奪われない

中盤まで差し掛かった時点で、ポイントでリードしているのであれば、守りに入ってはいけないが、安易に攻めるのも避けたいところ。

安易に攻めた結果、ポイントを奪われてしまうと、形勢が逆転する。残り時間僅かなところで、最後に1ポイントを奪うくらいの気持ちでいい。

指南 プラス+1 相手の動きを見逃さず対応策を実行する

負けている選手は、ポイントを取り返そうとして大技（上段蹴り）、もしくは上段突きを出してくることが多い。このとき焦る気持ちから、蹴りなら太もも、膝が、突きなら足、肩、上体が動くので、その瞬間に間を切ってもいい。また、逃げずにカウンター攻撃を仕掛けるのも一手だ。

これらの状況を想定しながら自分流の対策法を考え、反復練習で習得しておこう。

流れ

ポイントでリードされている、あるいは並んでいても先取されている場合は、大技で巻き返そうとせず、ポイントを積み重ね、最後に1ポイントを取る気持ちで攻める

試合も中盤に差し掛かり、ポイントでリードされていると、その差が大きければ大きいほど、大技でポイントを巻き返そうとしがちだ。しかし、大技は隙ができやすいだけでなく、ミスも起きやすいので、避けるのが望ましい。

差が大きいときはもちろん、ポイントを先取されているような場合でも、**1ポイントずつを積み重ねていく意識を持っておくことは、とても重要だ。**そして最後の最後で1ポイントを取って逆転するくらいの気持ちで試合を進められれば、実際に勝利に近づく。

Point 1 大技を狙って巻き返そうとしない

中盤まで差し掛かった時、ポイントでリードされていると、その差が大きければ大きいほど、大技でポイントを巻き返そうとしてしまうものだ。

しかし大技は隙ができやすく、ミスも起きやすい。逆転どころか、さらに差を広げられてしまうので、大技を狙うのは避けよう。

大技で巻き返そうとすると、ミスが起きやすい

Point 2 ポイントを積み重ねていく

仮にポイント差が大きかったとしても、1ポイントずつを積み重ねていく意識を持っておこう。そのような姿勢で、最後に逆転勝利を収めた試合は多い。ポイント差が小さいのであればなおさらだ。

さらに、ポイントで並んでいるのであれば、最後に1ポイント奪えれば勝てる。

Point 3 焦って攻撃せず、最後に1ポイントを取る気持ちで

中盤まで差し掛かり、ポイントで並んでいるが先取されている場合、焦って攻撃する必要はない。安易に攻撃してポイントを奪われると、さらに状況が悪くなる。

攻める姿勢を持ち続け、残り時間わずかの状態でも、1ポイント奪えれば勝てるという気持ちを持っておこう。

指南プラス+1

間合いを詰めて場外・逃避を誘発させる

決して焦って攻撃してはいけないが、攻める気持ちを持ち続けて間合いを詰めていくことで、相手の場外・逃避を誘発させられる可能性が出てくる。

C2反則注意で先取を取らない、ということに持ち込めれば、同点に追いついた時点で判定で勝てる確率は高くなる。

先取してポイントで並んでいる、あるいは僅差でリードしている場合は、下がらずにカウンターのチャンスを待ち、間を保っておく

試合も終盤に差し掛かり、自分がポイントでリードしている、あるいはポイントを先取しているなど、勝てる状況にある場合、反則をおかして負けてしまうという状況は避けなければいけない。

ただし、積極的に出ていって攻撃を仕掛ける状況でもないので、**下がらずにカウンターのチャンスをうかがい、1ポイントずつを着実に積み重ねていくことを考えよう**。また、相手は必ず出てくるので、突きなどの攻撃が届かない間（距離）を保ちながら試合を進めることも重要だ。

Point 1 自分から下がらずにカウンターのチャンスを待つ

残り時間がわずかになり、相手が負けている状態では、相手は必ず出てきて攻撃を仕掛けてくる。

自分から下がり逃げるような姿勢を見せると、C2の反則を取られたり、防戦一方になる。下がらずに相手が出てくるところでカウンターを打てるチャンスを待とう。

逃げると防戦一方になってしまう

Point 2 ポイントを欲張らず積み重ねる意識を持つ

残り時間がわずかになったとき、試合を決定づけようとして、ポイントを欲張ることがある。これでは相手に隙を見せ、ポイントを取られて、逆転される危険性が高くなる。

カウンターのチャンスを待って、ポイントを1つずつ積み重ねていく意識を持っておくことが重要だ。

Point 3 自分からは行かず間（距離）を保っておく

ポイント1でも触れたが、終盤で勝っているのであれば、下がらずにカウンターのチャンスを待てばいい。

自分から積極的に出ることは避け、突きや蹴りを出しても届かない、逆に相手に突かれても蹴られても届かない間（距離）を保ちながら、時間の経過を待とう。

届かない間を保っておく

指南

C1・C2の反則には注意しておく

残り時間が少ない状況で、逆転されないような試合運びをするのは当然だが、勝敗はポイントによるものだけとは限らない。特に終盤で勝っている状況で注意しておきたいのは、C1・C2の反則による負けだ。

カテゴリ1の反則は『一般的に負傷につながる行為』とされている。勝ちを目前にして、わざわざ自分から反則を行う選手はいないと思うが、相手が出てくる状況なだけに、より注意しておいて損はない。もちろん、C2の反則にも細心の注意を払っておこう。

先取されてポイントで並んでいる、あるいは僅差でリードされている場合は、残り時間を気にし過ぎず、1ポイントずつを重ねる

試合も終盤に差し掛かり、そのまま終われば自分が負ける状態の場合、残り時間を気にして焦り、一気の逆転を狙って大技を使いたくなるものだ。しかし、大技は隙を生み、ミスを誘発する可能性が高く、逆に差を広げられる危険性が高くなる。

残り時間が少なかったとしても、僅差であるならば、**残り時間を必要以上に意識せず、地道に1ポイントずつを重ねていく攻撃をする**ことが重要だ。1ポイント取れれば、相手は焦り始めるので、活路が見えてくる。

Point 1 負けていても大技は使わず1ポイントずつを重ねる

残り時間がわずかな状態で負けていると、一気にポイントを挽回しようとして、大技を使おうとしてしまうものだ。しかし、大技は決まりにくいだけでなく、隙やミスを誘発する可能性が高いので、返って危険とも言える。

1ポイントずつを重ねることを考えて試合を進めよう。

Point 2 残り時間を必要以上に気にし過ぎない

残り時間が少なくなればなるほど、一気の逆転を狙いたくなるものだ。

しかし、この考え方で大技を狙うと、逆転どころか、逆に差を広げられる可能性を高めるだけだ。残り時間を気にし過ぎるのではなく、いかに1ポイントを重ねていくかを考えることに集中しよう。

Point 3 1ポイント取れれば相手が焦りはじめる

1ポイントずつを重ねることに集中した結果、こちらが1ポイントを取ったとする。すると、まだポイント差があったとしても、相手は焦りはじめるものだ。

ポイントを奪われたくなくて下がるなど、C2の反則を誘発させる可能性も出てくるなど、活路が見えてくる。

着実にポイントを重ね、相手にプレッシャーをかける

指南 プラス+1 勇気を持って間を詰めていく

このままどちらもポイントを積み重ねられず試合が終了するような場合に、自分が負ける展開であれば、残り時間は逆転を信じて攻めに転じる他ない。

大技は使わず1ポイントずつを重ねることの重要性を説いたが、ポイントを重ねるにあたり重要なのは、勇気を持って間を詰めていくことだ。常に攻撃できる体勢を作っておき、相手の動きをよく見ておくことが重要だ。そして、相手の初動を的確に捉え、カウンターを打てるようにしておこう。

大差でリードされている場合は、1ポイントずつの意識を持ちつつ、ミスを誘発させて反則負けに追い込むことも考える

試合も終盤に差し掛かり、ポイントで大差をつけられて負けている場合、大技でポイントを巻き返そうとするのではないだろうか。しかし、大差がついていたとしても、大技ではなく、1ポイントずつを積み重ねる意識を持ち続けて試合をする方が望ましい。

こちらがポイントを取ると、相手は守りに入ろうとして隙が生まれる場合もある。また、ポイントを守ろうとしてC2の反則を犯す可能性もある。**反則を重ねさせて、反則負けに追い込めれば、ポイントで逆転しなくても試合に勝てる。**

Point 1 1ポイントずつを重ねる意識は変わらず持ち続ける

もし試合が終盤に差し掛かって、ポイントで大差が開いている状態であっても、決してあきらめず、1ポイントずつを積み重ねる意識は、常に持ち続けよう。

差が開いていても、こちらがポイントを取ることで、焦ったり守りに入ろうとして、隙が生まれることもある。

Point 2 突きとのコンビネーションで蹴り技を狙う

ポイント1ではポイントを重ねることを考えると解説した。矛盾した言い方になるかもしれないが、攻めの気持ちでポイントを重ねると同時に、突き技とのコンビネーションで蹴り技を狙ってもいい。

単発で大技を狙うのは難しいが、コンビネーションであれば、有効だ。

突き技と蹴り技のコンビネーションが有効

Point 3 相手のミスを誘発して反則負けに追い込む

試合も終盤に差し掛かり、大差で負けていてポイントを重ねても追い付くのが難しい状況であれば、圧力をかけて相手が逃げるような状況に追い込めればベストだ。

C1やC2の反則を重ねさせて、反則負けに追い込めれば、当然、ポイントで逆転できなくとも試合に勝てる。

圧力をかけて、C1やC2の反則を重ねさせる

指南

逆もまた真なり ルールを理解しておく

ここでは、自分が大差で負けている場合の攻め方を解説した。裏を返すと、自分が大差で勝っている状況では、相手がここで解説したような攻め方をしてくる可能性が高いということだ。

ポイント3でも触れたが、大差で勝っている選手が、試合の終盤で反則負けを喫するというのは、意外とよくあること。現役のトップ選手ですら、そのような状況に陥ることがある。ルールを熟知し、それを最大限に活かすのは、大差で負けているときに限らず、常に意識しておこう。

私の得意技　1

荒賀龍太郎の中段突き

この中段突きは、相手の攻撃に対してのカウンター技です。本書でも相手の攻撃に遅れたときの対処法を解説していますが、さらに遅れたと感じた場合は、前足を横に出すだけでなく、後ろ足を半歩ほど後方に引き、その場で突きます。自分の位置を変えずに、その場で踏み込んで突くようになるため、審判の旗が挙がりやすくなります。この技術は、小さい頃からスピードや力が上の大人たちに交じって練習する中で、いかにポイントを取るかを考えながら行った結果、自然と身についた技術と言えます。

この中段突きに限らずですが、中段突きは父の教えでもあり、自分の中でもベースとなる技なので、世界大会の決勝など中段突きでファーストポイントが取れると、心に余裕ができ、落ち着いて試合を進められるため、数多くの勝利の中でも印象に残ります。

前足を踏み込む際、後ろ足を後方に引く

第二章

試合場の場所別の攻め方と動き方

組手の試合では、場外際やコーナーに追い込む、あるいは逆に追い込まれる状況もあり得る。場外に出る行為はC2の禁止行為となるため、追い込んだ場合、追い込まれた場合の戦い方を解説しておく。

試合場中央付近では、素早く自分の間を取り、相手の動きに合わせてプレッシャーをかけ、間に入ったらためらわずに攻める

試合開始直後はもちろんだが、試合場の中央付近で試合を進める場合は、どちらかが場外を背負うなど不利な状態にあるわけではないので、自分が優位に試合を進められる間を作ることが重要だ。

開始直後などの場合は、**相手より先に動き、素早く自分の間に入ってしまうことを意識**しておこう。その上で、間を詰めるでもなく相手の動きに合わせるように追いかけていくと、徐々にプレッシャーを与えることができる。そして打てる間に入ったら、ためらわず攻めよう。

Point 1 素早く自分の間を取り考える時間を与えない

試合が始まったら、相手よりも先に、素早く自分の間に入ってしまおう。間を詰めるというより、自分が攻めやすい間を作ることが重要だ。

先に自分の間を作ることができれば、相手は余裕がなくなる。間に入ったら、相手の動きに対応する準備をして、反応できるよう意識しておこう。

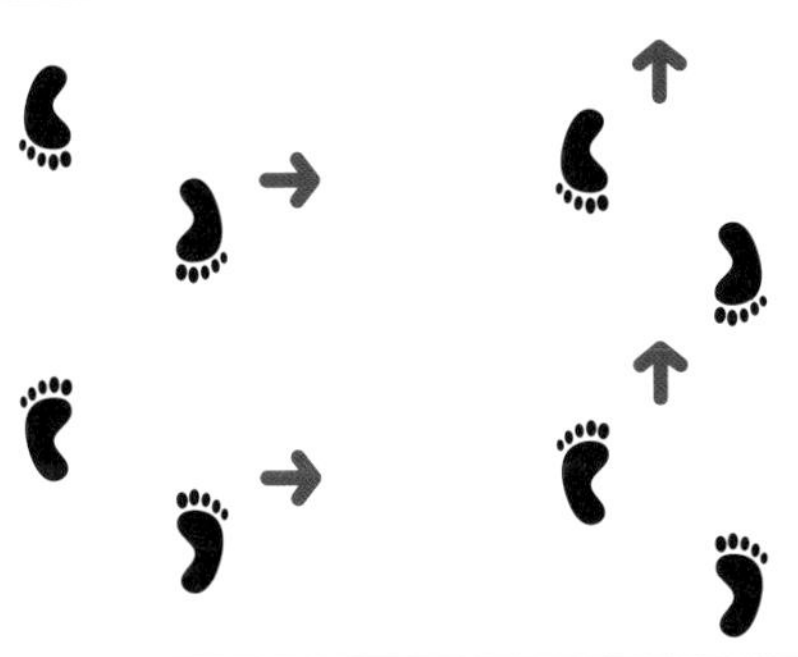
相手よりも先に自分の間に入る

Point 2 相手と同じ動きをしてプレッシャーを与える

中央付近では、相手が動いたら同じように動くのが基本だ。右に動いたら左に、下がるなら前に、といった具合だ。

間を詰めるでもなく、同じ間合いを保ったまま相手についていくと、それが徐々にプレッシャーとなり、相手の攻撃を誘発し、カウンターのチャンスが生まれる。

Point 3 間に入ったらためらわず攻める

同じ間合いを保ったまま相手についていき、動きの中で打てる間に入ったら、その瞬間、ためらわずに攻めよう。

あれこれ考えてしまうと、せっかくのチャンスを逃すことになる。また、相手を追うとき、遠間にならないよう注意しておこう。遠いと攻撃してもポイントにならない。

間に入った瞬間、攻撃する

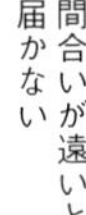
間合いが遠いと届かない

指南 プラス+1

日常生活でも訓練できる

ポイント1で、相手の動きに対応する準備をしておくと説いたが、これはたとえば「相手が中段で突いてきたらこう動こう」「相手がこう動いたらこう動こう」といった具体策を用意しておき、相手の動きに合わせて反応する準備をしておく、ということだ。

素早く反応するということは、実は日常生活の中でも訓練できる。何かを依頼された瞬間、考えるでもなく即座に反応する、といった具合だ。考えるでもなく即座に反応する、という癖を身につけておくことが重要だ。

流れ

No.18
場外際

相手を場外際に追い込んだら、無理にポイントを取りに行かず、動く方向に動いてプレッシャーをかけ、C2の反則やカウンターを狙う

試合の流れの中で相手を場外際に追い込むような状況になった場合、相手が攻める、待つ、下がるのどのタイプであったとしても、こちらが出たところにカウンターを合わせようとしていることが多い。そこで、このような状況の場合は、プレッシャーはかけつつ、無理にポイントを取りに行くのはやめておこう。

ポイントを取ることよりも、**場外際に追い込んでいる利点を活かし、場外に出すなどC2の反則を誘発させる**ことを考えて試合を進めるといい。

Point 1 無理にポイントを取りに行かず C2の反則も視野に入れておく

場外際に追い込まれた相手は、カウンターを狙っていることが多い。そのため、確実に取れるとき以外は、無理にポイントを取ることより、相手を場外に出すなどのC2の反則をさせることを考えよう。

そのためにも、カウンターを受けない距離を保ちつつ、さらにプレッシャーをかける。

カウンターを受けない距離を保ち、プレッシャーをかける

Point 2 相手が動く方向に動き間を作らせない

No.17でも触れたが、相手が間合いを嫌って距離を取ろうと動くときは、間合いを保ったまま同じ方向に動くのが基本。これは場外際に追い込んでいる際も同じことだ。

相手が右に動くなら左に、左に動くなら距離を保ったまま右に動き、常にプレッシャーをかけ続けよう。

Point 3 相手が出てきたらカウンターを狙う

場外際に追い込んでプレッシャーをかけ続けると、相手は耐えきれず、打って出てくることがある。

そのような行動をイメージしておき、カウンターを狙うことも視野に入れながらプレッシャーをかけ続け、初動を見逃さないよう、しっかり相手を見ておこう。

相手が出てきたら

カウンターを狙う

指南 プラス+1 ポイントを取るよりC2の反則を狙う

ポイント1では無理にポイントを取りに行かず、確実に取れるなら取りに行くと解説した。さらに、ポイントを取ることよりもC2のウォーニングを誘うことを考えようと解説した。相手を場外際に追い込んでいる場合は、C2を誘発させることを優先すべきだ。

なぜなら4回の反則で試合に勝てるからだ。そのような観点からも、プレッシャーをかけ続けることは重要になってくる。また、プレッシャーをかけ続けられるということは、それだけ心に余裕があるということでもある。

相手をコーナーに追い込んだら、合わせて動いて間を作らせず、C2の反則を誘発させると同時にカウンターも狙う

No.18では相手を場外際に追い込んだ場合の攻め方を解説した。ここでは同じ場外際でも、さらに相手をコーナーに追い込んだ場合の攻め方を解説していく。

実は基本的に、追い込んだ場所が場外際であってもコーナーであっても、考え方や攻め方はさほど変わらない。言い換えると、追い込まれた側が考えることも、大きな違いはないと言える。**無理に攻めずカウンターを狙い、C2のウォーニングをさせるよう、プレッシャーをかけ続け、**出てくるようであればカウンターを打とう。

Point 1 ポイントを取るよりもC2の反則を誘発させる

コーナーに追い込まれた相手は、多くがカウンターを狙っていると言える。そのため、無理にポイントを取りに行こうとして攻撃すると、カウンターを受けてしまう。

無理に攻めず、ポイントを取ることよりも相手を場外に出すなどのC2の行為を重ね、反則させることを考えよう。

Point 2 相手に合わせて動き間を作らせない

たとえコーナーであっても、追い込まれた相手というのは、左右に動いてその場から移動し、間合いを作りたいと考えるものだ。

場外際に追い込んだときと同様に、相手が動く方向についていき、間を詰めるでもなく、常に同じ間合いを保ち、プレッシャーをかけ続けよう。

Point 3 相手が出てきたところでカウンターを狙う

コーナーであっても、プレッシャーをかけ続けると、相手はそのプレッシャーに耐えきれず、打って出てくる可能性が高い。そのような行動をイメージしながらプレッシャーをかけ続けよう。

同時に、相手の初動を見逃さないよう、相手の手足だけでなく、全体を見ておこう。

▼出てきたらカウンターを狙う

▲相手の全体を見ておく

指南 プラス+1 他の試合を観察して自分なりに考え取り入れる

No.18と19では、場外際とコーナーに追い込んだ場合の攻め方を解説したが、他の選手の試合で、追い込んだ、あるいは追い込まれている状態でどのような動きをしているのか見ておくことも重要だ。追い込まれた選手が、どのような攻めに苦戦しているのか、追い込んだ選手はどのような攻め方をしているのか観察しよう。

同時に、それで自分にもできることなのかを考え、練習に取り入れたりするのは、とても重要なこと。真似ではなく、自分なりに方法を考えよう。

No.20
場外際

場外を背にした場合は、フェイントを使って間を取る。または、相手に技を出させてカウンターを狙う

No.18では、相手を場外際に追い込んだ場合の攻め方を解説した。基本的に追い込んだ側が何を考えているか理解できていれば、対処法も見えてくる。

相手はカウンターを狙っているので、まずはそのことを念頭に置いておこう。その上で、**2重3重にフェイントを入れ、広い場所に移動する**ことを考える。また、こちらが出るタイミングでカウンターを狙っているので、あえて攻める姿勢を見せるようフェイントを使い、相手に技を出させてから、実際にカウンターを打ってもいい。

Point 1 相手はカウンターを狙っていることが多い

相手を場外際に追い込んだ選手というのは、こちらが出るのを待ってカウンターを狙っていることが多い。

そこで、無暗に出て、カウンターを受けないように注意しておこう。場外際に追い込まれた場合は、**ポイント2**で解説するが、まずは広い場所に移動することを考えよう。

場外際に追い込まれたら、広い場所に移動する

Point 2 フェイントを使って間を取ることを考える

相手は間合いを切られたくないという思いから、こちらの動きに合わせてくる。そのため、単純に移動しただけでは間を作るのは難しい。

そこで、フェイントを何度も入れて相手の反応を遅らせ、瞬時に広い場所に移動するといい。その瞬間に自分の間を作ってしまおう。

Point 3 相手に技を出させてカウンターを狙う

場外際から逃れることができない状況の場合、こちらが出たところでカウンターを狙おうとしている心理を逆に利用し、フェイントを使って出てきたと思わせればいい。

相手はチャンスとばかりに技を出してくるので、その瞬間を逃さず逆にカウンターを狙うことができる。

指南プラス+1 まずは間を作ることを最優先に考える

ここでは場外際に追い込まれた際の対処法として、間を作ることと、フェイントを入れて相手に技を出させ、逆にカウンターを狙うという2種類を解説した。もちろん、どちらも有効な対処法ではあるが、まずは広い場所に移動して、相手との間を作り直すことを優先に考えたいところだ。

場外際にいると、どうしてもC2の反則などの危険性が伴ってしまうし、自分の間合いで試合が進められないというのは、なるべく避けておきたいからだ。その点をしっかり理解しておこう。

コーナーに追い込まれた場合は、フェイントを駆使し移動して間を取るが、動けない場合は、相手に技を出させてカウンターを狙う

ここではコーナーに追い込まれた場合の対処法を解説していく。場外際同様、追い込んだ側が何を考えているか理解できていれば、対処法も見えるはずだ。

相手はカウンターを狙っているので、まずはそのことを念頭に置いておこう。その上で、**2重3重にフェイントを入れ、広い場所に移動すること**を考える。また、こちらが出るタイミングでカウンターを狙っているので、あえて攻める姿勢を見せるようフェイントを使い、相手に技を出させてから、実際にカウンターを打ってもいい。

Point 1 相手はカウンターを狙っていることが多い

それが場外際であってもコーナーであっても、追い込んだ側は、追い込まれた側が出てくるものだと思っている場合が多い。

そのため、こちらが出るタイミングでカウンターを狙っていると言えるので、無暗に攻めてしまうと相手の思うツボなので注意しておこう。

無暗に攻めると

カウンターを狙われる

Point 2 フェイントを駆使し移動して間を取る

相手はプレッシャーをかけ続けたいとの思いから、こちらの動きに合わせて間を切らせないようにしようとする。

そこで、フェイントを二重三重に入れて相手を攪乱し、隙を突いて広い場所に移動しよう。同じフェイントでも、単発で相手を振り切るのは難しいはずだ。

Point 3 相手に技を出させてカウンターを狙う

広い場所に移動しようとしても、どうしても動けない場合は、こちらが出たところでカウンターを狙おうとしている相手の心理を逆に利用して、フェイントを使って出てきたと思わせよう。

相手が技を出してきたところで、カウンターを合わせればいい。

フェイントで相手を出させ

カウンターを合わせる

指南 プラス+1 追い込まれる前に対策しておく

場外際であってもコーナーであっても、基本的に対処法は変わらない。ただし、広い場所に移動するということにおいては、コーナーの方が若干難しさが伴うのも事実。コーナーの場合、真横には移動できないからだ。

そのため、特にコーナーに追い込まれそうになったときは、追い込まれないよう対策しておくことが望ましい。つまり、追い込まれる前に広い場所に移動すればいい。常に自分のポジションを確認し、フェイントやフットワークを駆使して、スペースを確保しよう。

私の得意技　2

荒賀龍太郎の
上段のワンツー

通常のワンツーは、ワンでもツーでも足を踏み込みます。つまり、ワンツーで2回踏み込むわけですが、このワンツーは、1回の踏み込みで2本突くのが特徴です。踏み込む回数が半減するため、通常のワンツーよりも2本目のタイミングを速くすることができるのです。言い換えると、相手からすれば、「1、2」ではなく「1.5」くらいのタイミングで2本目が来ることになり、反応が遅れるため、特に返しを狙っている相手に効果的です。

私は元々、返す相手に対して苦手意識を持っていたこともありますが、どうすれば自分の突きが当たりやすくなるのかを考えながら試行錯誤していくうちに、自然と身についた技術です。

もちろん、この技だけに言えることではありませんが、相手にスピードを意識させることができれば、試合を優位に進めることができるようにもなります。

一歩の踏み込みで、
素早く上段をワンツーで突く

第二章 状況別戦術的打撃テクニック

組手の試合では、普段の練習で行う基礎的な打撃とは別に、実戦ならではの打撃テクニックが存在する。この章では、戦術的な意味も含めた、試合に則した実践的な打撃テクニックを紹介する。

相手がフェイントを入れたタイミングで、前足を動かさず、後ろ足を引き付けて悟られずに間を詰める

この章では、試合で効果を発揮する実践的な打撃テクニックを紹介していくが、まずこのNo.22とNo.23では、それらのテクニックを駆使するにあたり、大前提となる実践に即した基本テクニックを解説する。この2項目が土台となってはじめて、テクニックが活きてくると覚えておこう。

まずは、打撃を行う際に必要となってくる、**相手との間合いを詰めるタイミングと、具体的な間の詰め方について解説していく。**この基礎を覚えて、間合いを詰めるタイミングを自分のものにしよう。

Point 1 相手がフェイントを入れたタイミングで間を詰める

フェイントを入れた瞬間

間合いを詰める

何も考えずに間を詰めてしまうと、当然、相手には間を詰めたことを悟られてしまう。

試合では相手がフェイントを入れるが、相手がフェイントを入れた瞬間というのが、ひとつの間を詰めるチャンスだ。フェイントなどで動いた瞬間は、相手が動いたことを悟るのは難しいのではないだろうか。

Point 2 前足はその場から動かさず後ろ足を引き付ける

相手に悟られないよう間を詰めるには、自分の体の位置が前に移動していないように見せることが重要だ。

前足はその場から動かさず、上体も動かさないように注意しながら後ろ足を引き付けよう。前足を出してしまうと、動きを悟られるだけでなく、打ちにいく際、距離も出ない。

Point 3 試合では徐々にステップを上げていく

このテクニックを本書で覚え、実際の試合で使用するときは、まずレベルの低い試合や自分よりも力が劣る選手と戦う際に試してみよう。

徐々にレベルを上げていき、通用するしないなどを確認しながら、自分自身のテクニックを段階を追ってレベルアップしていくといい。

指南プラス+1 組手で使う技術は組手でしか身につかない

ポイント3では、テクニックを使用する際は、徐々にレベルを上げていくといいと解説した。ここで解説した基礎的な技術に限らず、すべての技術は、実戦でしか身につかないと覚えておこう。

つまり、組手の技は組手でしか習得できないということだ。相手がいない状態で練習したとしても、組手の試合で効果的に使うのは難しい。また、組手で身につけるにしても、自分で考えて工夫するなど、積極的な姿勢を持っておくことも必要となってくる。

相手のフェイントに対しては、フェイントで返さず、間を切るか、後ろ足を引き付けて間合いを詰めてしまう

No.22では、間合いを詰めるタイミングとして、相手がフェイントを入れた瞬間であると解説した。もちろん、そのタイミングで間を詰めるのだが、すべてのフェイントに対して常に間を詰められるとは限らない。また、相手のフェイントに騙されないことも重要となってくる。

そこで、ここでは相手がフェイントを入れてきた際の、実戦で効果的な対処方法を解説していく。大切なのは、**相手のフェイントに乗らず、意図を持って間を切る、間を詰める**ことだ。

Point 1 相手のフェイントに対してフェイントを入れない

相手はフェイントを入れながら出方を見ている。フェイントを入れた瞬間に相手もフェイントを入れてくるなら、その瞬間に打ってくる可能性が高い。その瞬間に来られると、対処が難しいからだ。

相手がフェイントを入れたとき、届く距離の場合は、フェイントを返してはいけない。

相手のフェイントにフェイントを入れると

その瞬間に打たれる可能性が高い

Point 2 相手のフェイントに対して間を切ることを考える

ポイント1では相手のフェイントにフェイントを返さないと解説したが、相手がフェイントを入れてきたら、まずは間を切ることを考えよう。

フェイントを入れるときというのは、相手は必ず前足を踏み込んでいるはずなので、間が詰まった状態になっているからだ。

相手のフェイントに対して

間を切ることを考える

Point 3 後ろ足を引き付けて間を詰めてしまう

ポイント2では間を切ることを解説したが、タイミングが合うようなら、No.22で解説したように、後ろ足を引き付けて相手に悟られないように間を詰めてしまい、その瞬間を逃さずに攻撃しよう。

当然、相手より先に攻撃できるので、ポイントを取りやすくなるというメリットもある。

相手のフェイントに合わせて後ろ足を引き付ける

指南 プラス+1

フェイントそのものはポイントを取る技ではない

ポイント2で、フェイントを入れるときは、必ず前足を踏み込み、間が詰まった状態であると解説した。しかし、それがフェイントである以上、ポイントを取ることは不可能だ。ポイントを取るためには、そのあと、再度、技を出す必要がある。

つまり、相手のフェイントに乗らず、その瞬間にこちらが攻撃できれば、間も詰まった状態であるため、相手より先に技が出せる、非常に攻撃しやすい状態と言える。当然、ポイントにもつながりやすい状態であると覚えておくといい。

相手との間合いの距離によって、打ち込む際の踏み込む距離を変えて打つ

基本的な練習とは違い、組手の試合になると、相手との間合いの作り方や、打ち込む際の間合い（距離）が、状況によってさまざまに変化するものだ。つまり、練習で行っているような基礎的な打ち方では、たとえば突きが届かなかったり、逆に近すぎてポイントにならないなどの状況が生まれることになる。

そこで、ここでは実践で覚えておきたい**相手との間合い、距離の違いによる打ち込む際の距離の変え方**について解説していくでの、しっかり覚えよう。

Point 1 通常の間合いから自分が踏み込んで打つ場合

No.22で解説したとおり、実戦で通常の間合いから攻撃する場合は、後ろ足を引き付けて間合いを詰めるのが鉄則だ。

そして、後ろ足を引き付けたら前足を弾き出すようなイメージで踏み込み、踏み込むと同時に打つといい。後ろ足を引き付けるとき、上体を動かさないよう注意しておく。

Point 2 相手が踏み込んで攻撃にきた場合

相手が踏み込んできた場合、こちらも踏み込むと間合いが近くなり、初動動作も遅れるためポイントが取れない。

打つ瞬間に前足だけを真横に捌き、相手の突きを抜いて自分の突きが決まるイメージで打つといい。相手が先にきているので、上中段の突きで対応すると遅れない。

Point 3 遠間から自分が踏み込んで打つ場合

遠い間合いから打つ場合は、後ろ足を引き付けてスタンスを縮めておこう。もちろん、後ろ足を引き付けることで、相手に悟られずに間合いを詰める効果もある。

また、スタンスを縮めておくことで、前足を踏み込んだ時、距離が出せるので、必ず後ろ足を引き付けておこう。

指南プラス+1 状況に応じて打ち込み方を変える

ここで解説した踏み込む距離の変え方は、あくまでも実践で効果を発揮する打ち込み方のひとつでしかない。相手が下がる場合もあり、しかも下がる距離も必ずしも一定ではない。普段練習している基本的な打ち方が間違っているわけではない。

ただし、試合になると基本の上に応用がなければいけないのも事実だ。状況に応じた間合いの詰め方、打ち方を覚え、臨機応変に攻撃できるようにしておくことは、試合に勝つ上では重要になってくるので、普段の練習でも意識しておこう。

上段突きを誘い水にして中段突きを狙う

試合がはじまると、上段突きを狙うことが多いのではないだろうか。実際、ほとんどの選手は、大抵の場合、上段突きを狙っているものだ。それは相手も同じことなので、**あえて上段突きを誘い水にしておいて、中段突きを狙うと**、ポイントが取りやすくなる。

中段を突くときは、肘より下、恥骨より上の部分を狙おう。また、真っすぐに踏み込んで突いている選手がほとんどだと思うが、踏み込む際、前足を開き気味に、突きは逆方向に開き気味に突くと、相手の攻撃をかわしやすい。

Point 1 上段突きを誘い水に中段で待つ

組手の試合では、基本的に大抵の場合は上段突きを狙っているはずだ。それは相手も、自分も同じこと。

そこで、視点を変えて中段突きを狙ってみるといい。上段への攻撃を誘い水とし、相手の意識を上に持ってこさせておいて、意表を突くような形で中段を突こう。

Point 2 肘よりも下恥骨より上を狙う

人間は、反射的に防御しようとする。つまり中段を突こうとすると、腕で防御しようとするので、中段を狙う際は肘より下を狙うといい。腕ではポイントにならないので意識しておこう。

また、恥骨より上は中段突きが認められるので、肘と恥骨の間を狙おう。

Point 3 前足を開き気味に踏み込み開き気味に突く

中段で突くとき、前足を踏み込むが、まっすぐ前に踏み込むのではなく、前足を斜めに開き気味に踏み込もう。

ただし、身体が斜めに開くため、真っすぐ突いてしまうと、抜けてしまう。踏み込んだ方向と逆に、やや開き気味に突くといい。相手の突きと交差するイメージだ。

遅れたと感じても相手の攻撃をかわせる

ポイント3で、前足を踏み込む際はやや開き気味に踏み込むと解説した。開き気味に踏み込む利点は、真っすぐ踏み込むと相手の真正面に入ることになるため、相手の突きを受けやすくなってしまうが、斜めに踏み込むことで相手の突きが抜けやすくなり、仮にこちらの攻撃が遅れたと感じても、攻撃をかわすことができるからだ。

試合で早く先に突こうとすると、どうしても最短距離で真っすぐに踏み込みたくなるものだが、以上の理由から、斜めに踏み込むことを覚えよう。

突き技で攻撃をするように見せかけ、中段蹴りでポイントを取る

No.25では、上段突きを誘い水にして中段を突く方法を解説したが、ここでは上段突きと見せかけて中段蹴りでポイントを取る方法を解説する。

中段蹴りでポイントを取りたいので、まずは突き技で相手に突きを警戒させておこう。中段でも構わないが、なるべく意識を上に持ってこさせたいので、できれば上段突きがいい。そして**相手の意識が上段突きに向いた瞬間、意表を突いて中段を蹴ろう**。中段を蹴る際は、つま先を槍のようにして、突き刺すようなイメージで蹴る。

Point 1 突き技と見せかけ突きを警戒させておく

突きを意識させる

中段蹴りでポイントを取りたいと思っているなら、まずは相手に突き技を警戒させておくといい。

そのためにも、上段（中段でも可）への突きを見せておき、そちらに意識を向けさせておこう。ただし、相手に見せかけと悟られるような攻め方ではいけない。

Point 2 意表を突いて中段を蹴る

ポイント1で相手が突きを警戒し、そちらに意識を向けていると判断したら、その瞬間を逃さず意表を突いて中段を蹴ろう。

蹴り方そのものは基本的な蹴り方を実践してほしいが、ポイントを取るための実践的な蹴り方のコツを、次の**ポイント3**で解説する。

Point 3 蹴るときは槍を刺すように

試合でポイントに結び付きやすい中段蹴りは、インパクトの瞬間に力を入れ、つま先を槍のように見立て、突き刺すようなイメージで蹴ること。

軽い蹴りではなく、体重を乗せて、仮に相手が防御していても、そこを滑り込ませるように、突き刺し差し込むことが重要だ。

指南プラス+1

インパクトの瞬間に力を入れる効果

①ポイントになりやすい

軽く蹴ると、相手に受けられたように見えるためポイントになりにくいが、力を入れることで、受けられても蹴りが入ったように見え、ポイントになりやすい。

②防御されても滑り込む

相手に防御されても、力を入れている分、足が滑り込むため、ポイントに結び付きやすい。

③次の攻撃につながる

蹴りがポイントにならなくても、蹴りの威力を感じさせることで、相手は瞬間的に動けなくなるため、瞬時に切り替えて上段を攻撃すると、ポイントを取りやすい。

警戒心の薄い背部を、中段蹴りで狙う

試合をしていて、背中を警戒するというのは、あまりないのではないだろうか。背部は警戒心が薄い部分なので、的確に捉えられる蹴りの技術があれば、ポイントになりやすい攻撃と言える。

相手の背部を狙うためには、背中を向けさせなければならない。そのための方法は、**中心を隠そうとして身体を半身にさせた瞬間**と、**腕を引いて身体を捻った瞬間**がある。その瞬間を逃さず、インパクトの瞬間に力を入れて帯より上を蹴ることができれば、ポイントが取れる（帯より下ではC1）。

Point 1 中心を隠そうとした瞬間を狙う

こちらの突きなど、中心への攻めが効いていて、相手が中心を隠そうとするような場合は、背部への中段蹴りが効果的だ。

中心を攻められるのを嫌がると、身体を捻り中心を隠そうとする。背部への警戒心は強くないので、その瞬間を狙うとポイントになりやすい。

中心を隠そうとした状態　　通常の体勢

Point 2 片手を掴んで引き付け背中を向けさせて狙う

背部への中段蹴りを狙う場合、もうひとつの方法として、相手の片手を掴んで引き付け、無理やり半身にさせる、という方法もある。

時間がかかってしまうと警戒されてしまうので、瞬時に引き付け、そのままの流れで瞬時に背部への中段蹴りを狙い、瞬時に手を離す。

Point 3 インパクトの瞬間に力を入れる

背部を中段で蹴る際は、インパクトの瞬間に力を入れることが重要だ。力を入れることによって、相手に足を持たれる可能性を低くすることができる。

蹴りが弱いと足を持たれて倒されるなど、反撃される可能性が極めて高くなるので注意しておこう。

蹴りが弱いと足を持たれて反撃される

指南プラス+1 帯より下を蹴るとC1になる

背部への中段蹴りで、試合中よく見かけるのが、相手の臀部を蹴ってしまうことだ。背部への中段蹴りは、ルール上、首から下（肩甲骨は不可）で帯より上となっている。つまり、臀部を蹴るのはC1になってしまう。

臀部を蹴ってしまう理由として挙げられるのは、臀部は痛くないという無意識の遠慮や、練習不足による未熟な蹴り方ということが考えられる。

首付近の高さを狙う必要はないが、確実に帯より上を捉えられる技術を、普段の練習で身につけておこう。

流れ

間を詰めて、相手に出てこさせ、その瞬間に上段回し蹴りを狙う

上段の回し蹴りを狙うときは、自分が前に出ていきながらでは蹴りにくい。重心を後ろ足に乗せて身体を反らせる必要があるからだ。そこで、フェイントなどを用いて相手にプレッシャーをかけ、相手の技を出させるように仕向けよう。

相手が出てきた瞬間に後ろ足を下げ、バックスウェーで体を反らせながら重心をすべて後ろ足に乗せてしまう。その状態から**足をストレートに上げて、最短距離で上段を狙おう**。インパクトする目標位置の10センチくらい手前を狙うとちょうどいい。

Point 1 間合いを詰めて相手に出てこさせる

上段の回し蹴りを狙うときは、自分が前に出ながらでは蹴りにくい。後ろ足を下げながらの方が蹴りやすいからだ。

そこで、相手が前に出てくるよう仕向けるため、フェイントなどを用いながら間を詰めるなどしてプレッシャーをかけ、相手に技を出させよう。その瞬間に上段蹴りを狙う。

Point 2 後ろ足を引いて前足で上段蹴り

相手が前に出てきたら、その瞬間に後ろ足を引きながらバックスウェーで上体を後方に反らせよう。**ポイント1**で、自分が前に出ながらでは上段は蹴りにくいと解説したのは、このためだ。

そのまま後ろ足に重心をすべて乗せて、前足で上段蹴りを狙おう。

Point 3 インパクトする位置の10センチ手前を狙う

上段蹴りは中段蹴りと違い、実際にコンタクトさせてはいけないので、蹴る目標の位置の10センチ手前を蹴るイメージを持っておこう。

スキンタッチを狙おうとすると、道徳心などから強い蹴りができなくなる。10センチ手前を目標にするくらいがちょうどいい。

指南 プラス+1

ストレートに足を上げ最短距離で蹴る

上段に限らず中段でも同じだが、回し蹴りだからといって、足を外側から回して蹴るというイメージを持っている人がいるのではないだろうか。

表現として『回し』となっているが、実際には足は回さず、ストレートで足を上げ、最短距離を通って蹴るのが本来の正しい蹴り方だ。

尻を相手に向けるように半身になり、上段の裏回し蹴りを狙う

No.28では上段の回し蹴りを解説したが、同じようなアプローチから、表ではなく裏の回し蹴りを狙うことも可能だ。

裏を狙う場合は、相手に出てこさせ、その瞬間に後ろ足を引いてバックスウェーに入る瞬間、**半身になって相手に臀部を向けるような体勢になろう**。その後、前足をストレートに上げて相手の顔の横を通過させたら、膝を曲げて足裏を相手の後頭部に巻き込むようなイメージで上段を蹴る。表と裏、どちらか一方ではなく、両方蹴られるようにしておくといい。

Point 1 バックスウェーのとき臀部を相手に向ける

裏回し蹴りであっても、上段を蹴るときは、相手が前に出てくるよう仕向ける。

その上で、こちらが後ろ足を引いてバックスウェーに入る瞬間、臀部を相手に向けるように半身になり、さらに相手に背中を見せるようなイメージで上体を捻ろう。裏回し蹴りが蹴りやすくなる。

Point 2 前足をストレートに上げて蹴る

ポイント1の状態から、前足をストレートに上げ、相手の顔の外側に通していく。

No.28でも触れたが、表現は回し蹴りでも、実際には足は外側から回さない。ストレートで、足を最短距離で移動させるのが正しい回し蹴りの蹴り方なので、しっかり覚えておこう。

Point 3 膝を曲げ、足裏を後頭部に当てるイメージ

ポイント2で最短距離で足を相手の顔の外側を通したら、膝を曲げて相手の後頭部に足裏を当てるようなイメージで蹴る。これが正しい上段の裏回し蹴りだ。

足が遠回りせず最短距離で蹴れるため、相手に受けられてしまう危険性を軽減させることにもつながる。

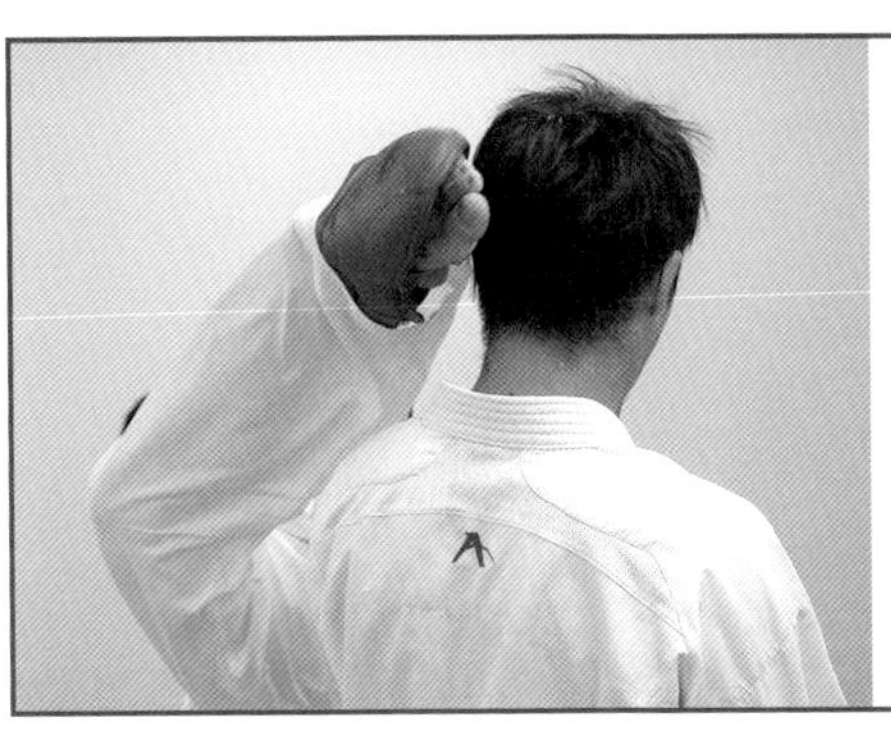

指南プラス+1 上段の回し蹴りと裏回し蹴りを駆使する

ここでは上段の裏回し蹴りを解説したが、前項のNo.28では同じ上段の回し蹴りを解説している。技を出す前の相手を引き出す動作や、足を上げる際の動きなどは、どちらも共通していると言える。

実際の試合では、回し蹴りか裏回し蹴りのどちらかを狙う、というよりも、どちらでも狙えるようにしておこう。どちらかで受けられてしまったら、もう一方を狙ってみる。あるいは足を下ろさずに引き足を使って表から裏、裏から表に転じるなど、攻撃のバリエーションを増やせる。

中段突きと見せかけて、上段への蹴りでポイントを取る

人間は1か所に意識が集中すると、別の場所への警戒心が薄くなってしまうものだ。上段蹴りでポイントを取ろうと思ったら、相手には本当に中段を狙っていると思わせ、中段を警戒させることができれば、上段に対する警戒心が薄くなる。

そこで、**本当に中段への攻撃でポイントを取ろうと思わせておいて、上段への警戒心が薄くなった瞬間に上段を蹴れば**、ポイントを奪える可能性は非常に高くなる。上段を蹴る際は、ストレートに最短距離で10センチ手前を蹴ろう。

Point 1 中段を攻撃して意識させておく

上段蹴りを狙う場合、相手には上段より下、つまり中段を意識させておくのが効果的だ。突き技で中段を狙っているように思わせよう。

本当にポイントを取りにきていると思わせるほどの集中力と姿勢で攻めれば、相手は中段の攻撃を意識せざるを得なくなる。

Point 2 相手が技を出そうとする瞬間を逃さず蹴る

ポイント1で相手が中段を意識し、攻撃を試みようとして技を出そうとした瞬間が、上段蹴りを狙うひとつのチャンスだ。

上段に対する警戒心が薄くなっている上に、技を出すことに意識が行くので、その瞬間を逃さず上段蹴りでポイントを取ろう。

Point 3 突きからの連続技で上段を蹴る

相手が中段に意識が行っているようであれば、中段突きを見せ、相手を前に出てこさせて、その瞬間を逃さず、上段の裏回し蹴りを合わせてもいい。

中段突きから上段への蹴りという予想外の攻撃になるため、ポイントを取れる可能性が高い連続攻撃となる。

指南 プラス+1 上段蹴りは最短距離を

蹴りは上段、中段に限らずストレートで最短距離を移動させるよう心がけておこう。横から回ってくるような遠回りの蹴りでは、移動距離が長くなる分、時間も要する。つまり、それだけ相手に防御される可能性が高くなる蹴り方だ。これでは、決まらない可能性が高くなる。また、蹴り技に対しては、上段突きのカウンター攻撃を受ける可能性もあるので、注意しておこう。

上段の場合はコンタクトする場所の10センチ手前を蹴るようなイメージを持っておくことも覚えておこう。

相手が出てきた瞬間、片手で持って自分の方に引き込むように投げて突く

相手が出てくる瞬間の、重心が前に移動している状態を利用し、相手を引き込むように投げて突く、あるいは蹴るという方法がある。

流れの中で相手が前に出てくる瞬間を逃さず、**片手で相手をつかみ、首を巻くようにして自分の方に引き込むように投げよう**。離れた場所に倒してしまうと、次の攻撃までに時間がかかってしまうため、効果的ではなくなる。また、相手の倒れている場所によって、突きと蹴り、どちらがより素早く攻撃できるか瞬時に判断することも重要だ。

Point 1 相手が出てきた瞬間に足を掛け、瞬時に片手で相手を持って投げる

相手を投げるときは、自分の方に引き込むように投げるのが基本だ。

そこで、相手が出てきた瞬間に片手で相手をつかみ、首を巻くようにして投げる体勢に入ろう。相手が出た瞬間であれば、重心が前に移動しているため、投げやすい。つかむ位置は肩口に近い方がいい。

Point 2 自分の方に引き込んで投げる

ポイント1で、投げるときは引き込むように投げると解説した。これは投げた後の相手の位置が遠いと、次の攻撃までに時間がかかってしまうからだ。もちろん、投げやすいという利点もある。

自分の方に引き付け、なるべく次の攻撃、突きやすい位置に倒すよう意識しよう。

Point 3 突きか蹴りを瞬時に判断する

相手を投げて倒したら、即座に突きにいこう。しかし相手の倒れている位置によっては、蹴りの方が早い場合もあり、もちろん蹴ってもポイントになる。

ただし、最近の傾向として、蹴りはあまり推奨されないので、ワンポイントで解説している方法で突いてもいい。

相手の体を回して突ける向きにする

倒した相手を突けない場合の多くは、相手の足が自分の方に向き邪魔をしているケースだ。倒したときに、このような状態になってしまった場合は、瞬時に相手の足を取って持ち上げ、回してしまおう。自分に対して横向きにした瞬間に突けばいい。

相手の攻撃に遅れたと感じたら、前足を横に開いて攻撃をいなし、可能な限り反撃を試みる

組手の試合をしたことがある人であれば、誰もが経験していると思うが、相手より攻撃が遅れたと感じることは多々あるはずだ。それは強い選手でも同じこと。このとき、相手の攻撃から逃げているようでは、空手家として成長するのは難しいと言わざるを得ない。

そこで、遅れたと感じたときの対処法を解説しておくので、覚えておこう。**遅れたと感じた場合は、前足を外に開いて踏み込めばいいのだ**。こうすることで相手の攻撃を捌き、いなすことができる。あとに攻撃につなげられればベストだ。

Point 1 遅れたと感じても逃げずに対処する

試合をしていると、相手よりも攻撃が遅れたと感じることがあるものだ。どんなに強い選手でもそれはあるはずで、恐怖心が先に立ち、その都度逃げているようでは、優秀な選手にはなれない。

逃げずに対処する方法を身につければ、空手の幅が広がるので、ぜひ覚えておこう。

Point 2 前足を横に開いて相手の攻撃をいなす

相手より遅れたと感じたときは、前足を横に開くように踏み込もう。

実際には斜め前方に踏み込むことになるが、横に開くぐらいの気持ちだと、ちょうどいい角度で踏み込める。こうすることで、入ってくる相手をいなせるので、ポイントを取られずにすむ。

Point 3 可能な限り反撃を試みる

ポイント2で、相手の攻撃をかわすことができたら、可能な限り反撃を試みたい。体は斜め外側に開いているので、真っすぐに突いても抜けるだけだ。突きもやや開き気味に打つといい。

このように攻撃につなげれば、効果的なカウンター攻撃としてポイントにつながる。

対処法を身につけ恐怖心を払拭する

組手の試合では、相手の攻撃を怖がらないというのは、選手として成長する上で、非常に大切な要素となる。相手の攻撃に対して逃げない、あるいは恐怖心から逃げないという気持ちも同様だ。そうは言っても、人間から恐怖心を排除するのは、実際には難しい。

そこで、ここで解説した対処法を身につけ実行できるようになることで、相手の攻撃に対する恐怖心がなくなると同時に、自信にもつながる。そうなると空手家としての幅が大きく広がりを見せるので、ぜひ覚えてほしい。

上体を自在に動かし、手や足捌きを駆使して、攻撃を受けたことをしっかりアピールする

試合中は、一方的に攻め続けるような状況はまずあり得ない。相手の攻撃を防御してポイントを奪われない技術も、試合に勝つためには必要な要素だ。

防御する際は、ダンキングやウェービングを駆使し、上体を自在に動かせるようになることが、効果的な防御の第一歩。その上で、**手や足捌きを使って相手の攻撃を受け、攻撃に転じる**など、次の動作に入ることが重要だ。また、手で攻撃を受ける際は、審判にアピールする上でも、はっきりと受けるよう心がけておこう。

Point 1 ダンキングやウェービングで自由に体を動かせるように

体を前後に倒すダンキングや、体を左右に動かすウェービングなどを駆使し、上体を自由に動かせるようにしておくと、相手が的を絞りにくくなる。

ただし、どちらか一方に偏ってしまうと狙われやすいので、自在に動いて的を絞らせないようにするのが、効果的な防御の第一歩だ。

Point 2 手も使って防御し審判にアピールする

防御の際は、ポイント1に合わせて、手の動きもしっかりつけよう。仮に相手の突きなどの技が抜けていたとしても、近くまでくればポイントになってしまうことがある。

相手の攻撃をかわしたと審判にアピールするためにも、手を添えておくと、受けたと判断してくれる。

Point 3 間合いを切る際は、真っすぐ下がらない

相手の攻撃に対し、直線的に下がってしまうと、真っすぐに詰めてこられてしまう。

間合いを切る際は、相手の軸をずらすイメージで、後ろ足を斜めに引き、相手の横または背後に回り込むように下がろう。相手が近くなり、連続技などがかけられるなど、次にもつながる。

指南 プラス+1 すべてを駆使し、はっきりと捌く

ここで解説したダンキングやウェービング、手を使っての防御、足捌きは、それぞれ単体で行っていては効果的とは言えない。全ての動作を使ってディフェンスを行い、素早く攻撃に転じるなど、次の動作に備える。

また、相手の技を中途半端に受けてしまったりすると、審判に旗を上げられ、ポイントを失う可能性もあるので注意しておこう。

私の得意技　3

荒賀慎太郎の中段突きからの蹴り

この技は中段突きをフェイントにして相手を下げ、同時に、蹴りを出しやすいように体を入れ替えるのがポイントです。相手から蹴り足が見えないよう、前足はできるだけ内にたたんでおきますが、これは、相手が入ってきたときのストッパー役にもなります。左足を蹴り出す際は、体を一気に後ろに反らし、蹴る際は軸足のつま先を中心にして、踵を前に出すよう体を回転させると、体全体の回転を蹴り足に伝えられ、重い蹴りやさまざまな距離の蹴りが可能となります。

私は中段突きをベースに攻めていたのですが、中段突きを返されて得点を奪われるケースもあったため、その中段突きをフェイントに変えて、相手がカウンターを取るために下がったところを蹴りでポイントにつなげることができないかと考え、この連続技に辿り着きました。接戦のときの切り札にしていた技です。

蹴り足が下から出て、
そのまま蹴りに行くのが特徴

第四章 対逆構え対策

右構えに対する左構え、あるいは左構えに対する右構え。試合で相手が逆構えだった場合は、通常の戦い方とは考え方や戦術を変える必要がある。ここでは、逆構えに対する対策を紹介しておく。

逆構えに対する苦手意識を持たず、平常心で試合に臨む

逆構えの選手と試合をするのが苦手だという人は多いのではないだろうか。実際、強い選手になると、相手がわざと逆構えになって、攪乱しようとするなど、トップクラスの試合ですら、このようなことが起こるほどだ。

逆構えに対して、具体的な戦い方はNo.35以降で解説するが、心構えとしては、**苦手意識を持たないよう心がけ、試合中は常に平常心でいられるよう、強く意識しておく**ことが重要だ。また、試合中は対策してきたことを実践し続ける意識を持っておこう。

Point 1 平常心を心がけ苦手意識を持たない

逆構えが苦手だと言う人は、多いのではないだろうか。強い選手であれば、相手が対策としてわざと逆構えになることもある。それくらい、逆構えに対して苦手意識を持つ人が多いということでもある。

逆構えであっても、苦手意識を持たないよう心がけ、試合でも平常心で臨もう。

Point 2 対策してきたことを思い出して試合に臨む

組手の選手であれば、普段から対逆構えの練習をしているはず。

対策も練っているはずなので、試合で対戦することになっても、普段通りの練習を思い出し、それをあえて意識して、平常心を取り戻そう。そういう意味でも、必要以上の苦手意識は禁物だ。

Point 3 対策してきたことを意識的に実践し続ける

対策してきたことは、試合中、常に意識して実践し続けよう。意識し続けていないと、自分の癖などが無意識に出てしまい、苦戦することになる。

ポイントを取られてしまうと、焦って忘れがちになってしまうので、外を取るなどの『対策してきたこと』は常に意識し続けよう。

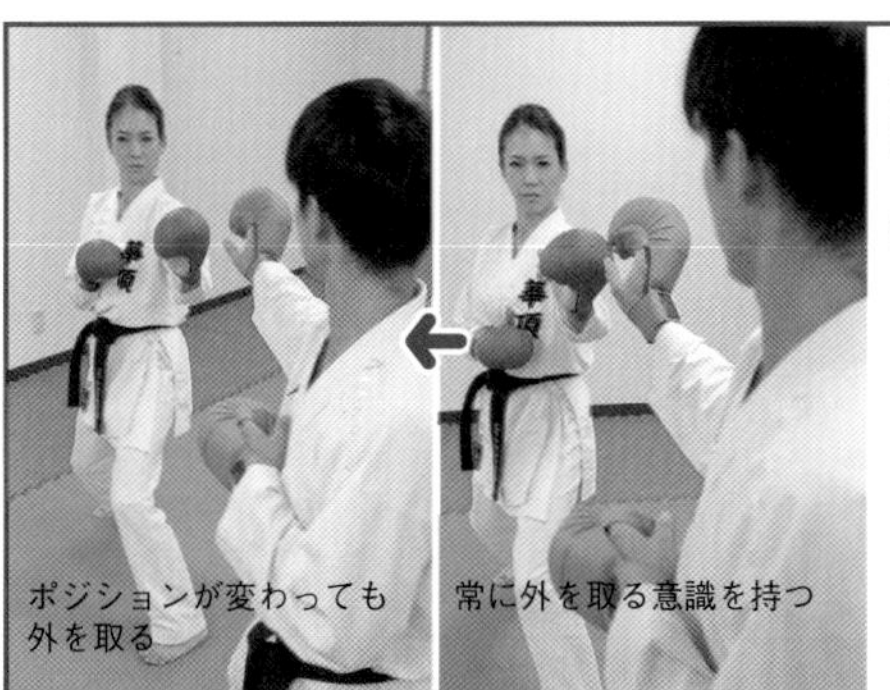

常に外を取る意識を持つ

ポジションが変わっても外を取る

指南プラス+1 強く意識して相手の外を取る

次のNo.35で詳しく解説するが、逆構えの相手と試合をする場合の基本中の基本は『相手の外側を取ること』に尽きる。

苦手意識が強すぎて動揺してしまったり、あるいはポイントを取られるなどして焦ってしまうと、この基本中の基本を忘れてしまうことがある。どのような状況になったとしても、外を取ることだけは常に実践しよう。

外を取られると攻撃される

相手の外を取るように動き、外を取った瞬間、攻撃に転じる

逆構えの相手と試合をするときは、一にも二にも『相手の外側を取る』ことが大切だ。対策としてはこれに尽きると言っていい。そのため、できることなら無意識にこの『外側を取る』ことができるのが理想。試合中は恐怖心や緊張、焦りなどから、この基本を忘れてしまいがちだからだ。

そこまでのスキルが身についていなかったとしても、**意識的に外側を取ることを試み、相手の外側を取れたら、その瞬間を逃さず、瞬時に攻撃に転じよう**。高確率でポイントを取ることができる。

Point 1 無意識に相手の外側を取れるように

逆構えの相手と試合をする場合は、相手の外側を取ることが重要だ。したがって、逆構えの相手と試合をする際、意識しなくても無意識に外側を取れるようになっておくのが理想だ。

というのも、緊張や恐怖心、焦りなどから、この基本を忘れてしまうことがあるからだ。

Point 2 無意識にできなくても意識的に外側を取る

ポイント1では、無意識に外側を取れるようになっておくことが理想と説明したが、これは慣れの問題もある。

したがって、無意識に外側を取ることができるまでのスキルがなかったとしても、意識的に外側を取るよう心がけよう。また、この基本を忘れずに継続できることが重要だ。

ポジションが変わっても外を取り続ける

常に外を取る

Point 3 外側が取れた瞬間に攻撃に転じる

実際に試合をしていると、相手も同じように外側を取ろうとするため、そう簡単に外は取れないものだ。

したがって、相手の外側が取れたら、その瞬間を逃さず、瞬時に攻撃に転じよう。相手から見れば、こちらは自分の外側に位置しているため、非常に攻撃しにくい瞬間だ。

外を取られたら遅れたときの対処法を活用

ポイント3では、外側が取れた瞬間に攻撃に転じようと解説した。逆もまた真なりで、こちらが外を取られると、相手はすかさず攻撃してくるはずだ。

そこで、もしこのような状況に陥ったら、No.32（P74）で解説した『相手の攻撃に遅れたと感じたときの対処法』を活用して、攻撃をかわし、可能であればカウンターを返せるといい。

刻み突きはなるべく使わず、前の手は防御に使い、逆突きで打つ

自分が左構え（左手が前）で相手が右構え（右手が前）のパターンでの逆構えの場合、左手での刻み突きは使ってはいけない。突いた瞬間にカウンターでクロスを合わせられる危険性が高いからだ。左手はフェイントや防御をするために用いる意識を持とう。

実際に攻撃する際は、常に相手の外側を取るよう意識することはもちろんだが、**前足（左足）を外に踏み込んで、さらに外側に出て右手で逆突きを狙おう。**こうしてポイントを重ねていくのが、勝利への近道となる。

Point 1 左手の刻み突きは極力使わない

左の刻み突きを出すと

クロスでカウンターを合わせられる

右構え（右手が前）の選手と試合をするときは、左手での刻み突きは極力使わないよう注意しておこう。

こちらが左手で突いた瞬間、カウンターでクロスを合わせられる可能性が極めて高いからだ。フェイントとして使う分には構わないが、左手でポイントを取ろうとしない。

Point 2 左手は相手の攻撃の防御で使う

左手はフェイントとして使う分には構わないと解説したが、基本的に左手（前の手）は、防御として使おう。

相手の突きを受ける際は、自分の身体が外に出るよう、左から右に向かって受けよう。右から左に向けてしまうと、自分の身体が中に入ることになるので危険だ。

Point 3 外に踏み込みながら逆突きでポイントを重ねる

逆構えの選手と戦うとき、ポイントを取るのは右手（後ろの手）だ。逆突きを打ち、ポイントを重ねていくことを心がけよう。

なお、突くときは左足を外側に開いて身体を相手の外側に出す意識を持っておく。体を外に開く分、突きを出す際の角度の調整が必要だ。

外を取る意識を常に持っておく

逆構え対策は、相手の外側を取ることが基本中の基本であることは何度も伝えてきた。

ポジションももちろんだが、**ポイント3**でも解説したように、攻撃する際も踏み込みを外側に開き、さらに相手の外側に出るよう心がけておこう。常に外を取る意識を持ち続けておくことが、逆構えの相手に勝つために一番大切なことだ。

真っ直ぐ踏み込んだ状態

外側に開いて踏み込んだ状態

流れ

右の刻み突きはなるべく使わず、左中段、左上段突きで対戦する

No.36では、自分が左構え（左手が前）で相手が右構え（右手が前）のパターンでの戦い方を解説した。ここでは、その逆の自分が右構え、相手が左構えのパターンでの戦い方を解説していく。

基本的に考え方はNo.36と同じだ。右手はフェイントや防御をするために用い、実際に攻撃する際は、常に相手の外側を取るよう意識する。突く際は、**前足（右足）を外に踏み込んで、さらに外側に出て左手で上段、または中段の突きを狙おう。**こうしてポイントを重ねていくことが望ましい。

Point 1 右手の刻み突きは極力使わない

No.36の逆で、左構え（左手が前）の選手と試合をするときは、右手での刻み突きは極力使わないよう注意しよう。

こちらが右手で突いた瞬間、カウンターでクロスを合わせられる可能性が極めて高いからだ。フェイントとして使う分には構わないが、右手でポイントを取ろうとしない。

右の刻み突きを出すと

クロスでカウンターを合わせられる

Point 2 右手は相手の攻撃の防御で使う

右手はフェイントとして使う分には構わないと解説したが、基本的に右手（前の手）は、防御として使おう。

相手の突きを受ける際は、自分の身体が外に出るよう、右から左に向かって受けよう。左から右に向けてしまうと、自分の身体が中に入ることになるので危険だ。

Point 3 外に踏み込みながら逆突きでポイントを重ねる

逆構えの選手と戦うとき、ポイントを取るのは左手（後ろの手）だ。逆突きの左上段、左中段で戦い、ポイントを重ねていくよう心がけよう。

なお、突くときは右足を外側に開いて身体を相手の外側に出す意識を持っておく。体を外に開く分、突きを出す際の角度の調整が必要だ。

開いた分、突きの角度を調整する

開いた状態で真っすぐ突くと抜けてしまう

指南 プラス+1 逆突きを見せて反応させ、刻み突きで攻撃する

ここで解説した、刻み突きは使わずに逆突きで攻める方法はセオリーと言えるが、それは相手も当然認識しているはずだ。

であれば、その意識を利用し、あえて左の突きを見せて相手に反応させ、その瞬間を逃さずに右の刻み突きで打つ、という方法もある。さまざまな攻撃を見せることで、相手を撹乱させる効果もある。

外を取って相手のカウンターを受けないよう、身体を倒して背中を蹴る

逆構えの相手に対して、外側が取れていれば、警戒心の薄い背中を前足で蹴るというのはひとつの手だ。前足が相手より外側に位置しているため、背中への蹴りも有効だ。また、三日月蹴りで前を蹴ることもできる。

そこで、**相手の外が取れたら、気付かれないよう腰を切って入れ、素早く背中を蹴ろう**。逆構えの場合、相手は蹴りに対して前の手で刻み突きを出してくる可能性が高い。そのカウンター対策の意味でも、蹴る際は上体を倒しておくといい。

Point 1 外を取っていれば外も蹴りやすい

逆構えの相手に対しては、外側を取るのが大前提なので、ここでは、外側を取っている状態から解説する。

前足は相手より外側にあるため、前足で蹴ろうとした場合、外側も蹴りやすい。その特性を活かし、背中と前を蹴り分けることができれば、より攻撃の幅が広がる。

背中を蹴るのも有効

三日月蹴りで前を蹴ってもいい

Point 2 体を倒して相手を蹴る

前足で背中を蹴ろうとすると、上段の刻み突きでカウンターがくる可能性が高い。足技は手技よりも遅いため、先に相手の上段突きを喰らうことになる。

そこで蹴る際は上体を後方に倒してしまおう。体を倒すことで相手のカウンターを喰らう可能性を低くできる。

Point 3 外を取りながら腰を入れておく

蹴る前に、腰を入れて蹴る準備をしておこう。腰を切っておくことで、初動がいらなくなるため、より素早く蹴ることが可能となる。

ただし、腰を入れたことを悟られてはいけないので、外を取りつつフェイントを入れたりしながら気付かれないように腰を入れよう。

指南 プラス+1

上段の刻み突きに注意しておく

ポイント2でも触れたが、蹴りに対しては上段の刻み突きで攻撃してくる可能性が非常に高い。威力で蹴りに劣る分、刻み突きであれば、スピードで勝るからだ。特に逆構えの相手と試合をする際は、このことに注意しておこう。そのための防御策として、体を倒すということを実践してほしい。

また、**ポイント3**では腰を入れておくと解説したが、この状態から蹴ると強く蹴れないことが多い。腰を切った状態からでも強い蹴りができるよう、練習を重ねておこう。

外に出て上段を突き、拳を残したまま突いた瞬間に後ろ足で中段を蹴る

No.**38**では、逆構えの相手に対して、前足で背中を蹴る方法を解説した。ここでは後ろ足で中段を蹴る方法を解説する。

外を取ったら前足を外に踏み出しながら、後ろの手で上段を突こう。**上段を突いたら腕を引くことなく伸びた状態のまま、間髪入れず後ろ足で中段を蹴りにいく**。上段を突いて、拳を相手の顔の前に残しておくことで、相手が入ってくるのを防ぐ効果も生まれる。上を攻めて下、下を攻めて上、上を攻めて上など、様々なバリエーションで相手を撹乱しよう。

Point 1 相手の外側に出て上段を突く

逆構えの相手と対戦するときは、常に相手の外を取るように心がけておこう。それは、中段蹴りを狙うときも同様だ。

その上で、まずは後ろの手で上段を突くが、このときは、No.32で解説した「相手の攻撃に遅れたと感じたときの対処法」を活用する。前足を外に踏み出して突こう。

前足を外に踏み出す

Point 2 突きが伸びた瞬間に後ろ足で蹴る

上段を突いたら、腕を引くことなく、間髪入れずに後ろ足で中段を蹴る。突く、引く、蹴る、といった動作を連続させるというよりは、突いた瞬間にそのまま蹴っている、というイメージだ。

拳を相手の顔の前に置いておくと、相手が入ってこれないようにする効果も生じる。

Point 3 中段で蹴るときは帯より下、恥骨より上

中段を蹴る際は、蹴る位置に注意しておこう。帯より下、恥骨より上だ。そう考えると、かなり範囲は狭いと言わざるを得ない。

蹴りだけに限らず、突きであっても、日々の練習で、狙った位置に正確に技が出せるような技術を習得しておくことが重要だ。

様々なパターンで相手を撹乱する

No.38では、相手の背中を上段で蹴る方法を解説した。ここでは上段を突いておいて中段を蹴る方法を解説している。このように、中段を攻めて上段でポイントを取る、上段を攻めて中段でポイントを取る、あるいは上段を攻めてあえて再度上段を攻めるなど、連続攻撃のバリエーションを増やしておくといい。

試合で様々な組み合わせの連続技を行うことで、相手を撹乱し、次の技を読まれないようにすることは、試合を優位に進める上で、非常に効果的な戦法と言える。

相手よりも遅れたと判断した場合は、前足を横に踏み込んで相手の攻撃をかわして突く

No.32で、相手の攻撃に遅れたと感じたときの対処法を解説した。ここでは相手が逆構えだった場合の遅れたときの対処法を解説していくが、基本的に、逆構えであっても逆構えでなくても、対応の仕方は同じと言える。重複になるかもしれないが、とても重要な技術なので、ここで再度おさらいしておこう。

相手より遅れたと感じたら、前足を横に踏み込むのが基本だ。横に出すことで、相手の攻撃をいなすことができる。その上で、可能であれば攻撃に転じよう。

Point 1 遅れたと感じてもしっかりと対処する

相手よりも遅れたと感じても対処する

逆構えの相手と試合をする場合でも、相手よりも攻撃が遅れたと感じることは、当然あり得る。遅れたと感じているということは、恐怖心が伴うかもしれないが、その都度逃げるわけにもいかない。

対処法をしっかりと身につけ、空手家としての質や技の幅を高め、そして広めよう。

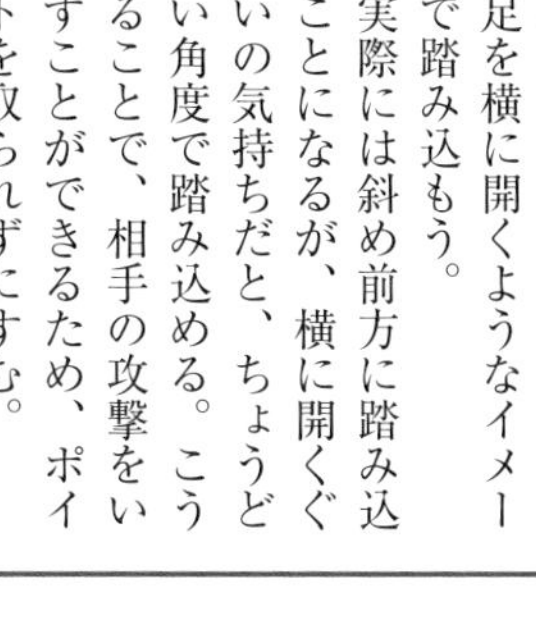

Point 2 前足を横に開くイメージで攻撃をいなす

遅れたと感じたら、瞬時に前足を横に開くようなイメージで踏み込もう。

実際には斜め前方に踏み込むことになるが、横に開くぐらいの気持ちだと、ちょうどいい角度で踏み込める。こうすることで、相手の攻撃をいなすことができるため、ポイントを取られずにすむ。

Point 3 可能な限り反撃を試みる

相手の攻撃をかわすことができたら、可能な限り反撃を試みよう。ただし、体は斜め外側に開いているので、真っすぐ突いてしまうと、相手を捉えられない。体を開いた分、突きも逆方向にやや開き気味に出そう。このように攻撃につなげられれば、効果的なカウンター攻撃になる。

指南 プラス+1

怖がり固まってできないことが多い

No.32やここで解説した遅れたときの対処法は、頭で知識として覚えたからと言って、試合で使えるようになるかといえば、実はそう簡単なことではない。恐怖心などもあるため、体が固まってしまい、上手く動かすことができないことがほとんどではないだろうか。

知り得た知識は、何度も繰り返し練習し、実戦でも使いながら、失敗と反省、修正を繰り返し、着実に自分のものにしていくことが重要だ。そのためにも、試す場のレベルを徐々に上げていき、自分のレベルを上げていこう。

私の得意技　4

荒賀慎太郎の
刻み突き

　私は右利きの逆体なので、利き腕（右腕）が前に出ています。そのため、一瞬の細かい動きや、スピード、次の技への切り替えなどがスムーズに行えます。つまり、利き腕による刻み突きは、スピードや精度などの点で、他の選手よりも優れていると言えるでしょう。また、利き腕、利き足が前に出ていると、相手と体が当たった際も、強く当たれますし、速く鋭い動きが可能となります。

　利き腕や利き足は、無意識に癖や要らない動きが出てしまうことが多いので、それを相手に悟られると技が決まりません。したがって、癖や要らない動きを自覚し、いかに補正するかを考えながら練習していました。試合では、自分の意識とは逆に、無意識に体が動き、相手が止まった瞬間に刻み突きが決まることがあります。これが出るのは、決まって集中しているときです。

利き腕による刻み突きのため、
スピードや精度が勝る

第五章

荒賀龍太郎が実践した世界と戦うための戦術

国内のみならず、世界と戦ってきた荒賀龍太郎氏。それら数多くの経験から得た貴重な知識や、世界を相手に実践してきた試合での考え方や戦い方など、勝つために実際に用いた戦術について解説する。

No.41
基本

外国人選手の傾向や、外国の審判の特徴を知った上で試合を進めよう

国際的な大会に出場する場合、対戦相手はもちろん、審判も外国人となることが多くなるはずだ。**外国選手の多くは、こちらが間合いを詰めても下がって間合いを切り、終盤まで膠着することが多くなる傾向にある**ことを覚えておこう。

さらに、このような状況のとき、審判が外国人の場合、**間合いを切っている側が試合をコントロールしていると捉える場合もある**。これらの可能性があることを頭の隅に入れておけば、その状況になったとき対応しやすい。

Point 1 外国選手の多くは間合いを詰めない

ランキング上位となる一部の選手を除き、外国人選手の多くは、間合いを詰めずにこちらの動きを外し、少ないチャンスに技を合わせてくるような戦い方をする傾向にある。日本人はスピードがあり、直線的な動きが強いと認識しているためだ。その傾向があることを頭に入れておこう。

Point 2 日本人の審判と外国の審判の違い

こちらが間合いを詰め、相手が下がって間合いを取るようなとき、日本の審判であれば攻めている印象を持ってもらえるが、外国の審判の場合、必ずしもこちらが攻めているという印象であるとは限らない。相手が試合をコントロールしていると捉えられることもあるので、注意しておこう。

Point 3 焦りから強引になるとその瞬間を狙われる

ポイント1とポイント2を踏まえたとき、日本人選手は時間の経過とともに焦りが芽生え、多少強引にでも前に出てしまうことがある。外国人選手は、その瞬間を狙っていることが多く、だからこそ、間合いを切る動きをしているとも言えるので、術中にはまらないよう意識しておこう。

相手が横に動く場合、面で追いかけ詰めていく

こちらが間合いを詰め、相手が間合いを取る場合は、間合いの詰め方に注意しておく必要がある。相手は真後ろではなく左右を使い横に動くので、こちらが居場所を変えず向きだけを変えるような追い方になってしまうと、相手に回られてしまう。

このようなときは、相手の動きに素早く反応し、たとえば相手が右に動くなら、遅れずに左に追うよう、面で相手を追うといい。向きを変える追い方になってしまうと、相手が移動した瞬間に横から攻撃されたとき、反応が遅れてしまう。

No.42
対技を出させたい選手

こちらを誘い技を出させたいと考える相手には、焦らず詰めて誘い、準備して相手が出る瞬間に突く

こちらを誘って技を出させ、その瞬間を狙うようなタイプが相手の場合、相手の誘いに乗って出てしまっては術中にはまってしまう。このタイプと戦うときは、逆に相手が技を出したくなるような仕掛けをすることが重要だ。

間合いを詰めていき、**詰めては誘い詰めては誘いを繰り返し、**徐々に間合いが詰まってくると、相手が我慢できずに出てくることになる。詰めたときにはしっかりと準備し、**相手が出てきたその瞬間を狙い、その場で突けば**ポイントを取ることができる。

Point 1

詰めては誘うを繰り返し徐々に間合いを詰める

こちらが出るのを待っている相手に対し、誘いに乗り間が詰まっていない状態で技を出してしまうと術中にはまる。このようなときは、間を詰めて相手を誘い、間を切ってまた間を詰めて誘うことを繰り返そう。これを繰り返し徐々に間が詰まってくると、我慢できずに技を出してくる。

Point 2

間合いを詰めたとき心と体を準備しておく

間合いを詰めた瞬間は、チャンスでもあるが当然リスクでもある。そこで、その瞬間にどれだけ心と体の準備ができているかが大切だ。心の準備は、相手が出てきても対応できる精神的な充実であり、体の準備とは、後ろ足を引き寄せておき、一瞬の遅れもなくすぐに攻撃できる準備だ。

Point 3

相手が出た瞬間にその場で突く

焦らずに間合いを詰めていき、徐々に間合いが詰まってくると、たまらずに相手が出てくるようになる。その瞬間を逃さず、相手の動き出しを捉えてその場で技を出そう。間合いを詰めた状態から相手が前に出てくるので、その場で突けば十分届き、ポイントを奪うことができる。

指南 プラス+1

間合いの詰め方に注意しよう

間の詰め方が同じパターンとタイミングになってしまうのはよくない。相手に動きを読まれ、その瞬間に合わせて技を出されると反応できない。また、間を一気に詰めすぎてしまうのもよくない。相手に近くなりすぎるからだ。不意を突ければ、そのまま攻撃までつなぐとポイントになる場合もあるが、強引にならないようにしよう。

相手に動きを読まれないよう、パターンやタイミングに変化を持たせる。また、詰めたり引いたりを繰り返しながら、徐々に間を詰めていく意識を持とう。

流れ

動画をチェック!

No.43
対間合いを取る選手

下がって間合いをキープする相手は、コーナーに追い詰めて上段の技を見せ、前足を払ってバランスを崩す

外国の選手に限ったことではないが、多くの外国選手に見られる特徴のひとつとして、間合いを詰めても下がって距離を取られてしまうことがある。このような相手と戦う場合は、**試合場のコーナーに相手を追い詰めてしまう**といい。

それ以上は下がれない状況に追い込み、上段の技を見せれば、相手は無意識に重心を後ろに掛けることになり、前足が軽くなる。その瞬間を狙って前足を払えば、体勢を崩すことができるので、技が出しやすくなる。

Point 1 面で相手を追い コーナーに追い詰める

間合いを詰めても、同じ距離を引かれて間合いを詰めさせてくれない場合は、相手が横に逃げようとする動きを利用して、コーナーに追い詰めることを考えよう。No.41の指南で解説した通り、相手の動きに遅れず面で横に移動していけば、徐々にコーナーに追い詰めることができる。

Point 2 上段の技を見せて 重心を後ろに掛けさせる

注：黄色いマーカーをコーナーに見立てています

コーナーに追い詰めたら、上段の技を見せよう。相手が出てくるなら、カウンターを狙えばいい。出てこなかったとしても、上の技を見せることで、相手は重心を後ろに掛けることとなり、前足を軽くすることができるからだ。その瞬間に、前足を払うなどしてバランスを崩させる。

Point 3 バランスを崩した瞬間に 技を出せる準備をする

前足を払って相手がバランスを崩した瞬間を狙う場合は、相手がバランスを崩してから技を出す準備を始めたのでは遅い。相手がバランスを崩した瞬間には、後ろ足を引き寄せて技を出す準備を終えておき、バランスを崩した瞬間に技を出す意識を持っておかなければいけない。

バランスを崩す前と崩した後では狙う部位が移動する

相手のバランスを崩して、その瞬間を狙う場合は、相手の体勢が崩れることを意識しておこう。つまり、バランスが崩れる前と後では、突く(または蹴る)部位が移動しているということだ。これを意識せず、バランスが崩れる前の部位に技を出そうとしてしまうと、正しい技にならず、結果的にポイントを奪えなくなる。

言われてみれば当たり前のことだが、意外と盲点だったりするので、頭の隅にでも入れておきたいところだ。

相手も間合いを詰めてくるタイプなら、相手の仕掛けに下がらず準備して、一撃で仕留められる技を出す

ランキング上位の外国人選手や日本人は、チャンスがあれば間を詰め、こちらが動き出した瞬間を狙っていることが多い。そこで、**相手の動きに敏感に反応し、間合いを切ることも大切**だ。相手の狙いなどを探る際は、細かな動きを大切にし、時折大きな動きを入れよう。相手が出てきて間が詰まった瞬間は、下がらずその場から攻撃できるようにしておこう。そのためにも常に攻撃に入れるよう、**後ろ足を引き付け、歩幅にも意識を置いておくことが大切**で、一撃で仕留められる技を狙うといい。

Point 1 相手の動きに対し敏感になっておく

似たタイプとの試合になるため、どうしても間合いを詰めたくなるが、それだけに囚われてはいけない。相手が間合いを詰めてきたとき、敏感に反応し、間合いを切るイメージを持っておくことも重要だ。前への意識だけになってしまうと、不意に相手が出てきたとき、対処が遅れる。

Point 2 細かな動きの中に大きな動きを入れる

特に序盤、相手の様子をうかがうとき、動きが大きくなってしまうと、その隙を狙われる。そこで、細かな動き（フェイント）を大切にして、その細かな動きの中に、時折大きな動きを入れていくことが重要だ。間合いが詰まっているため、大きい動きだけでは、その瞬間を狙われる。

Point 3 相手の仕掛けに対しその場に留まり準備する

相手が仕掛けてきても、一歩の踏み込みだけでは届かない距離にある。そこで、そのようなときは下がってかわすのではなく、その位置に留まって後ろ足を引き付けて出る準備をしておこう。相手の仕掛けに対し、前足の踏み込みだけで技を出しても届く距離となっているからだ。

指南

重心をやや後ろ足に乗せ、一撃で仕留められる技を意識する

ポイント3で後ろ足を引き付けて準備すると解説したが、このとき、重心は6：4で後ろ足に乗るようにしておこう。強く踏み込めるようになる。

また、このような状況では間合いが詰まっているため、ワンツーなどの連続技ではなく、一撃で仕留められる技を意識しておきたい。選手によって得意な技は違うはずだが、この状況であれば刻み突きが効果的であることは間違いないので覚えておくといい。

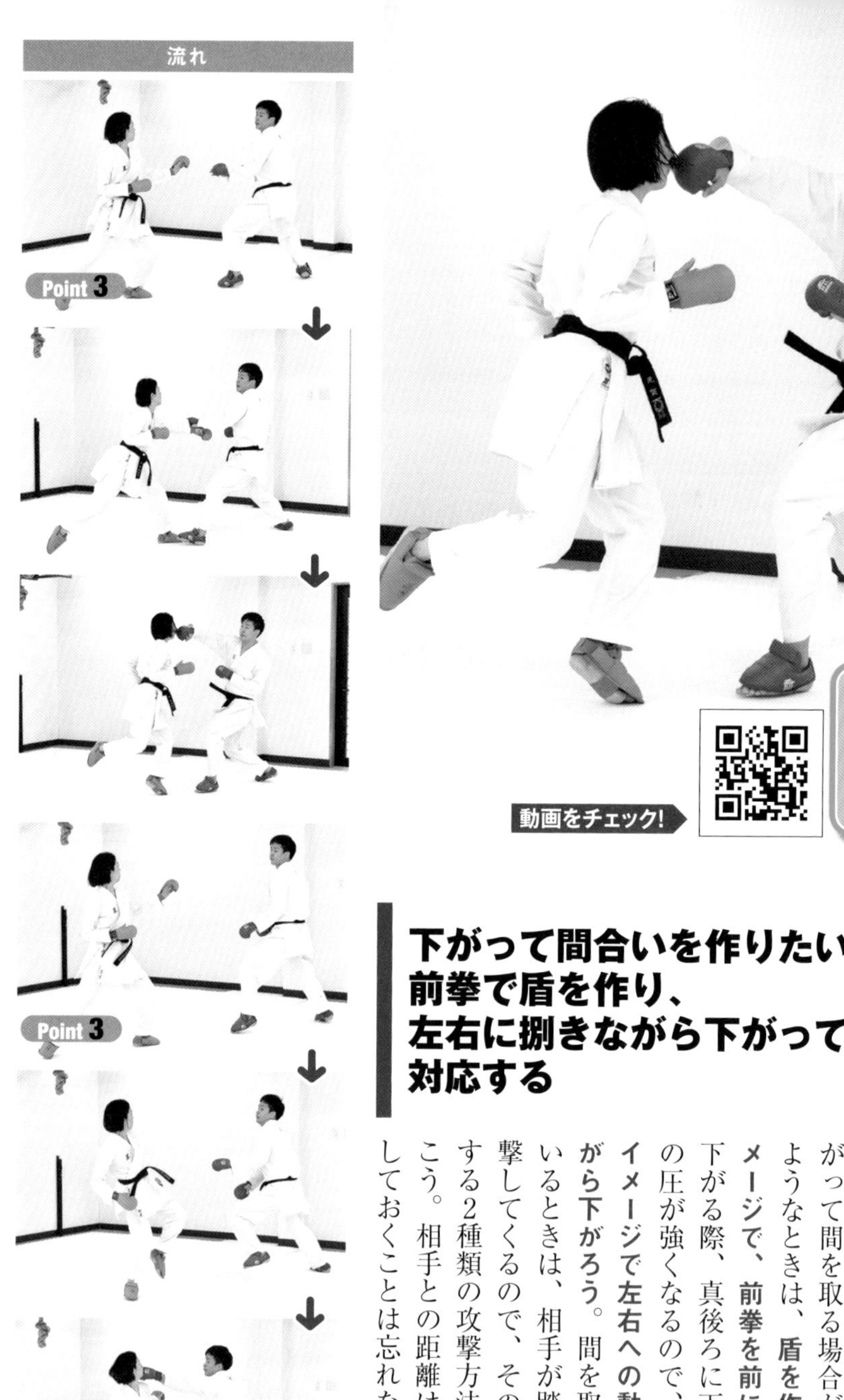

下がって間合いを作りたいときは、前拳で盾を作り、左右に捌きながら下がって対応する

相手の圧力に押されている、あるいは、勝っている状況で無理に攻める必要がないなど、自分が下がって間を取る場合がある。このようなときは、**盾を作るようなイメージで、前拳を前に出しておく**。下がる際、真後ろに下がると相手の圧が強くなるので、**圧をかわすイメージで左右への動きを入れながら下がろう**。間を取ろうとしているときは、相手が踏み込んで攻撃してくるので、その動きに対応する2種類の攻撃方法も覚えておこう。相手との距離は常にキープしておくことは忘れないように。

Point 1 前拳を前に出して盾を作る

間を取る場合は、前拳を前に出して懐を深くしよう。前拳と前足で盾を作るイメージだ。重心は前後の足に5：5となるよう掛ける。後ろ足に重心がかかり過ぎると下がれなくなる。下がる際は、盾で相手を押すイメージで後ろ足を引いて下がり、相手との距離が詰まらないようにする。

盾を作るイメージで構える

Point 2 左右に捌きながら下がって圧をかわす

間を切るために下がる際、真後ろに下がると、相手の圧が強くなる。そこで、下がりながら左右にポジションチェンジして圧をいなすイメージで下がろう。ポジションチェンジを入れることで、圧をかわすだけでなく、相手が追いながらも振られるようなイメージを与えることにもつながる。

Point 3 その場で打つ、下がって打つどちらにも対応できる準備

間を確保できていると、一歩の踏み込みでは技は届かない。相手が間を詰めて技を出してきたとき、間が取れていないと反応が遅れるので注意しよう。相手が踏み込んで技を出してきたとき、その場で攻撃する方法と、下がって攻撃する方法があるが、どちらにも対応できるよう準備しておこう。

その場で攻撃する

下がって攻撃する

指南 

相手の仕掛けに対し技を出す2つの方法

下がって間を作る場合、相手が出てくることになるが、間を確保できているため、一歩の踏み込みでは届かない。そこで、一歩踏み込めば届く状態になった瞬間を狙えば打てる。

相手が出てきた瞬間に下がって距離を取り、相手の攻撃を捌いて返し技で打つという方法もある。どちらも、相手の仕掛けに対応するため、技の出し方になるため、間を取りたい状況のときには有効な手段だ。だからこそ、間合いの確保が一番大切になってくるため、前拳と前足で盾を作るイメージは忘れないように。

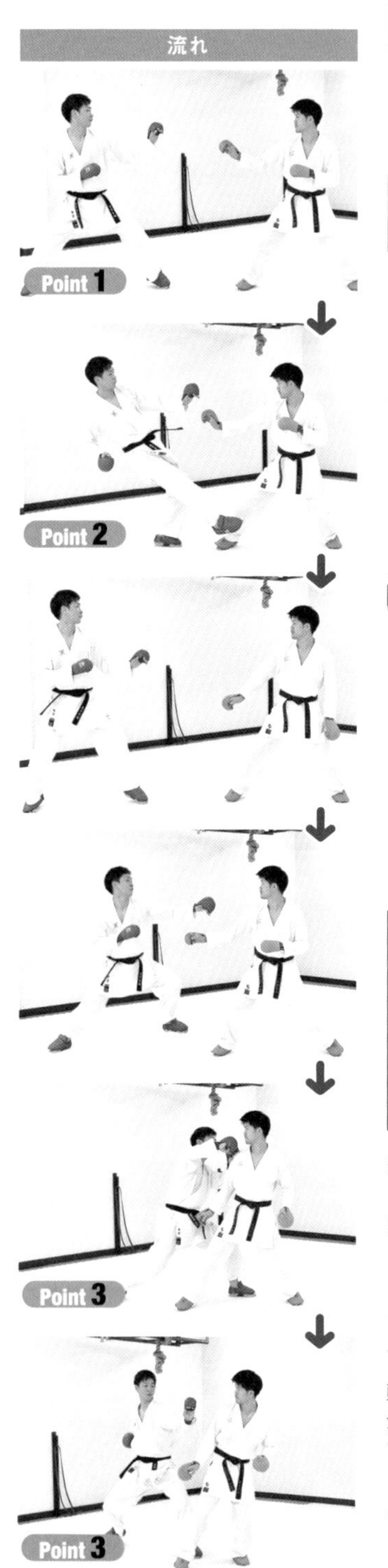

動画をチェック!

No.46
対逆構え

前拳を開いて相手の外側に位置させ、前足を左右に払い、打ち終わりは外側を抜ける

逆構え対策は4章で解説しているが、ここでも具体的な対策をひとつ解説しておく。

相手の外側を取るのがセオリーだが、**前拳を開いて相手の前拳よりも外側に位置させるのも一手**だ。これにより相手の前拳を押さえることができる。相手の外側が取れたら、**前足と後ろ足で相手の前足を左右に払い、内側と外側の両方**を警戒させよう。的を絞らせず攻撃しやすくなる。また。基本的に**打ち終わりは相手の外側（背中側）を抜ける**意識を持っておくと、反撃されるリスクを軽減できる。

Point 1
前拳を開いて相手の前拳を押さえる

逆構えの選手と戦う場合、No.35で解説した通り、相手の外側を取るのがセオリーだ。そこで、通常の構えを変えてしまうのもひとつの方法だ。前拳が相手の前拳よりも外側になるよう、開いて構えてしまえばいい。前拳が外側を取れていれば、相手の前拳を押さえることができる。

Point 2
前足を払い内外の両方を警戒させる

逆構えの相手には、前足を左右に払って、内側と外側の両方を相手に警戒させるといい。内外の両方を警戒させて的を絞らせなければ、攻撃しやすい。そのためにも相手には上段を警戒させておこう。前足を払う前に上段への突きや蹴りも見せれば、上下を意識させることができる。

Point 3
打ち終わりは相手の外側を抜ける

ポイント2では、相手に内側と外側の両方を警戒させると説明したが、逆構えの選手と戦う場合、基本的に打ち終わりは相手の外側（背中側）を抜けるよう意識しておこう。外側を抜けることができれば、相手の攻撃を受けるリスクを大幅に軽減させることができるからだ。

指南プラス+1
足を外側に払い内側を狙う

ポイント2で、前足を左右に払うと解説している。この足払いで、相手の前足を外側に開くように払うことができれば、相手は当然バランスを崩すことになると同時に、前足を開いた分だけ、体を正面に向かせることができる。

そのチャンスを逃さず攻撃できれば、相手の内側が狙いやすくなるので意識しておくといい。この場合、相手がバランスを崩していることもあるので、打ち終わりに外側を抜ける必要はない。

No.47 負けているときの心構え(僅差)

僅差で負けているときは、展開を早くして、1ポイント取ることを考える

試合では、負けている状況というのは必ずあるものだ。このようなときは、焦って攻撃するという意味ではなく、**展開を早くして、仕掛ける回数を増やす**ことを考えよう。また、リードされていると、どうしても焦りが出てくる。

しかし、**焦りは攻撃を雑にしてしまう**原因となり、ポイント奪取がより遠のいてしまう。**平常心を保ち、まずは1ポイントを取ること**に**意識を集中**させよう。僅差であったとしても、負けているときの失点は絶対に避けなければいけない。

Point 1 展開を早くすることを考える

リードされた場合、それが僅差であったとしても、展開を早くすることを考えよう。展開を早くするとは、焦って攻撃するという意味ではなく、相手を動かして間合いが詰まった瞬間に攻撃を仕掛けるということだ。仕掛ける回数を増やせれば、ポイントを取り返すチャンスも増える。

Point 2 焦って攻撃が雑にならないよう注意

僅差であっても、特に試合時間が残り少なくなってくると、どうしても焦る気持ちが出てきてしまう。その焦りは、攻撃を雑にさせてしまう原因になるものだ。攻撃が雑になってしまうと、取れるポイントも取れなくなるので、焦る気持ちは堪え、最後まで雑にならないよう意識しよう。

Point 3 平常心で1ポイントを取ることを考える

ポイント差や残り時間にもよるが、僅差であればまずは平常心を保ち、1ポイント、つまり突きでポイントを取ることに集中したい。

ポイント2でも触れたとおり、攻撃が雑になってもポイントが取れないばかりか、雑になることで逆にポイントを取られる危険性も高くなる。

指南

僅差であれば失点は避ける

ポイント3でも触れたが、特に僅差で負けている場合は、絶対に失点は避けなければいけない。ポイントを取ることばかりに意識が行ってしまい、それでポイントが取れればいいが、失点してしまうと、さらに差が広がることになる。これでは、より一層焦りが増してしまうだけで、さらに攻撃が雑になるという悪循環に陥ってしまう。

ポイントを奪い返すことももちろん重要だが、失点しないことにも意識を集中させながら試合を進めていくことが重要だ。

No.48
負けているときの心構え（大差）

大差で負けているときは、1ポイントからのコンビネーションでポイントを重ねる

不覚にもポイントで大差がついてしまった場合、諦める選手はいないだろうが、焦って大技を狙う選手は多いのではないだろうか。このような状況では当然、相手も大技を警戒することになるため、よほどの幸運でもない限り、まず決まることはない。

そこで、焦るのではなく、**展開を早くして攻撃の回数を増やし**つつ、まずは1ポイント奪うことを考えよう。**突きからのコンビネーションで大技を狙う**のであれば、**単発で狙うよりも可能性は高くな**る。

Point 1 雑にならず攻撃の回数を増やす

こちらが大差で負けていると、相手はこちらが強引に距離を詰めてくるだろうと考え、その瞬間を狙おうとする心理になるものだ。当然、こちらはポイントを奪わなければいけない状況だが、決して雑にならず、No.47で解説した通り、展開を早くして攻撃の回数を増やすことを考えよう。

雑な攻撃ではポイントを奪えない

Point 2 細かく間合いを詰め展開を早くする

展開を早くする際、強引に距離を詰めてしまうと、その瞬間を狙われる。そこで、たとえ大差であっても、細かく間合いを詰めていくことが重要だ。早く追い付き追い越したいという気持ちが強すぎると隙ができてしまう。欲張り過ぎず、まずは1ポイント取ることを考えよう。

Point 3 突きからのコンビネーションで蹴りを出す

大差になると、大技を狙いたくなるが、相手も警戒しているため簡単に決まるはずもない。ポイント差に関係なく、まずは1ポイント、つまり突きでポイントを取ることを考えよう。突きの攻撃に相手の意識が行くと、その流れのコンビネーションで蹴りを出せば、決まる可能性が高まる。

指南プラス+1 不発の大技は時間のロスにもなる

ポイント3で大技だけでは対処されると説明したが、単に決まらないだけでなく、ポイントを奪える可能性のない攻撃をすることで、距離を詰め直すところから仕切り直すことになってしまう。これでは時間のロスをも招くこととなり、悪循環に陥るだけだ。

単発の蹴りでポイントを取ろうとするのではなく、ダッキングさせてコンビネーションで蹴るなどの相手を動かす工夫も必要だ。大技がNGなのではなく、大技につなげる過程を考えなければいけないということだ。

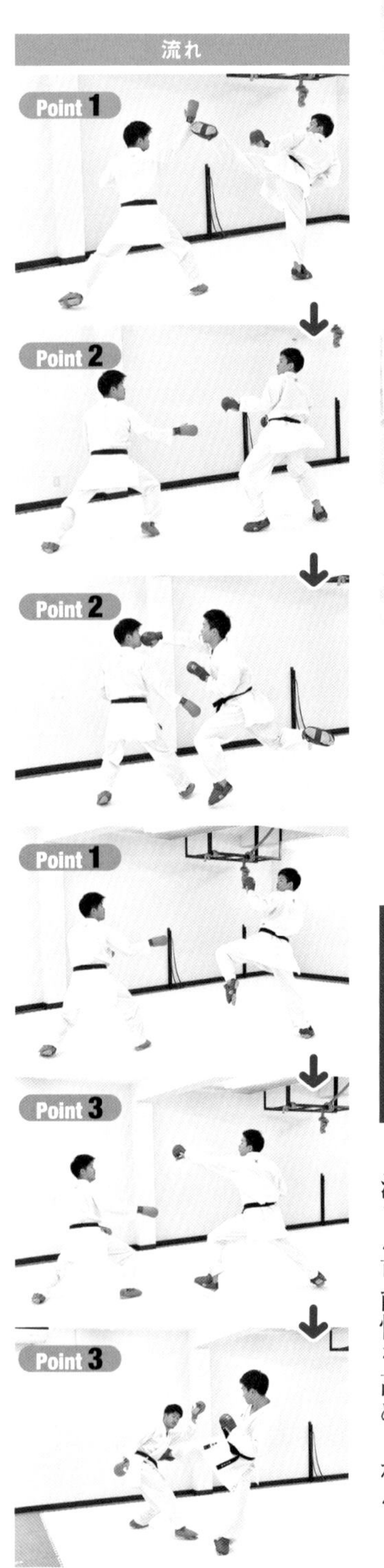

動画をチェック!

No.49
負けているときの試合の進め方

先にアクションを起こし展開を早くし、相手の手前を蹴って間合いを詰めて攻撃する

No.47、48では負けているときの心構えを解説してきた。ここでは、負けているときの具体的な試合の進め方の一例を解説していく。

僅差、大差のどちらであっても、まずは展開を早くする必要がある。そのためには、**相手の手前を蹴って下げさせる**ことが有効だ。**蹴り足を着地させた勢いを利用すれば、準備のモーションを消しながら突きに行く**ことも可能となる。いきなりの大技ではなく、**手前を蹴って相手を動かしてからや突きからのコンビネーション**でなら、大技も決まる可能性を高められる。

Point 1 先にアクションを起こし間合いを詰める

展開を早くするための具体的な方法は、間合いを詰めることだが、単に詰めただけでは相手にその瞬間を狙われる。そこで、相手の手前を蹴り下げさせるなどして、自分のペースで試合を進めて距離を詰めていこう。うまく間合いを詰めることができたら、すぐに攻撃を仕掛けるといい。

Point 2 手前を蹴った勢いで突きに行く

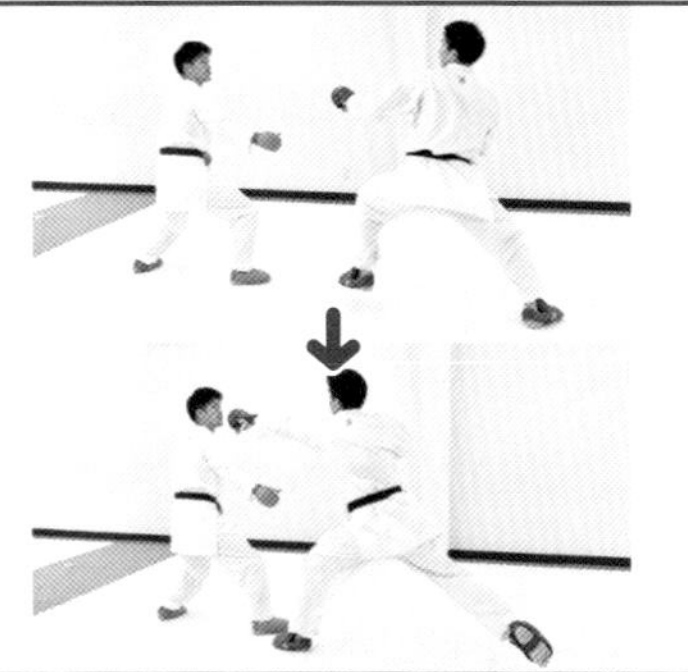

相手の手前を蹴って蹴り足を着地させた瞬間、その勢いを利用すれば、飛び込みやすくなり、そのまま突きに行くことができる。この流れであれば、突くための準備のモーションを消すことにもつながるため、より一層、効果的な突きとなり、有利に働くはずだ。

Point 3 蹴りで下げさせたら突きを見せて蹴る

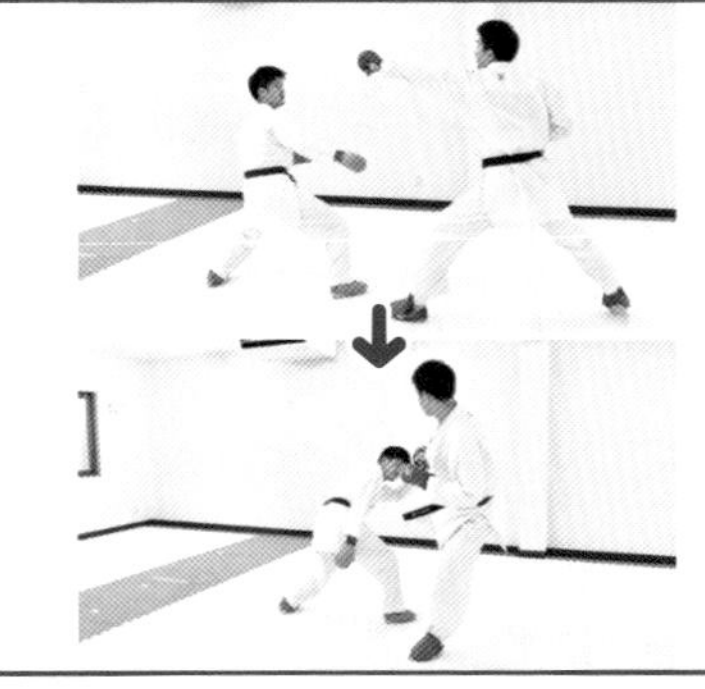

相手の手前を蹴って下げさせることができれば、相手の意識の多くは足に向いているはずだ。しかしながら、当然、突きも警戒していることは間違いないので、その心理を利用し、突きを見せて「突きに来た」と思わせておいて、蹴るなどのコンビネーションも有効だ。

指南

展開を早くする真の意味を理解する

再三、展開を早くすると解説してきたが、何度も触れたとおり、決して焦って攻撃するという意味ではない。間合いでの駆け引きに時間を割いてしまうと、あっという間に時間がなくなってしまうので、先にアクションを起こし、相手を動かしながら技を出す間合いに入って攻撃を仕掛けよう、という意味だ。攻撃が雑になり、むやみに間合いを詰めてしまうと、そこを相手に狙われ失点のリスクが高くなる。展開を早くすることと攻めが雑になることは、全く違うと理解しておこう。

私の得意技　5

荒賀知子の中段突き

この中段突きはカウンターなのですが、相手の技を待って突こうとすると遅れてしまうため、プレッシャーをかけて技を出せるように仕向け、出てこようとする瞬間に突く感覚です。また、相手が出てくるため、距離を保つためにも、前傾にならないよう姿勢をよくし、間が詰まってしまわないように意識しています。

海外の選手は、自分よりも背が高いことが多いため、中段突きが有効だと思い、どのように中段を突くのが有効かを考えた結果、この突き方に行きつきました。相手の懐に潜ることになるため、恐怖心はありますが、小さい頃から大人に混じって練習していたことが、恐怖心に打ち勝つことに役立ったと感じています。

国際大会で使うことが多い技でしたが、2006年の世界空手道選手権フィンランド大会決勝では、この技に絞って3-0で勝ったのが強く印象に残っています。

前傾にならないよう姿勢をよくし、
相手との距離を保つ

試合前の調整法と試合に臨む際の心構え

組手の試合を直前に控えたときの効果的な練習法や調整法。また、試合前にしておくべきことやベストの状態で試合に臨むための方法など、試合で実力を発揮するために必要な事項について解説する。

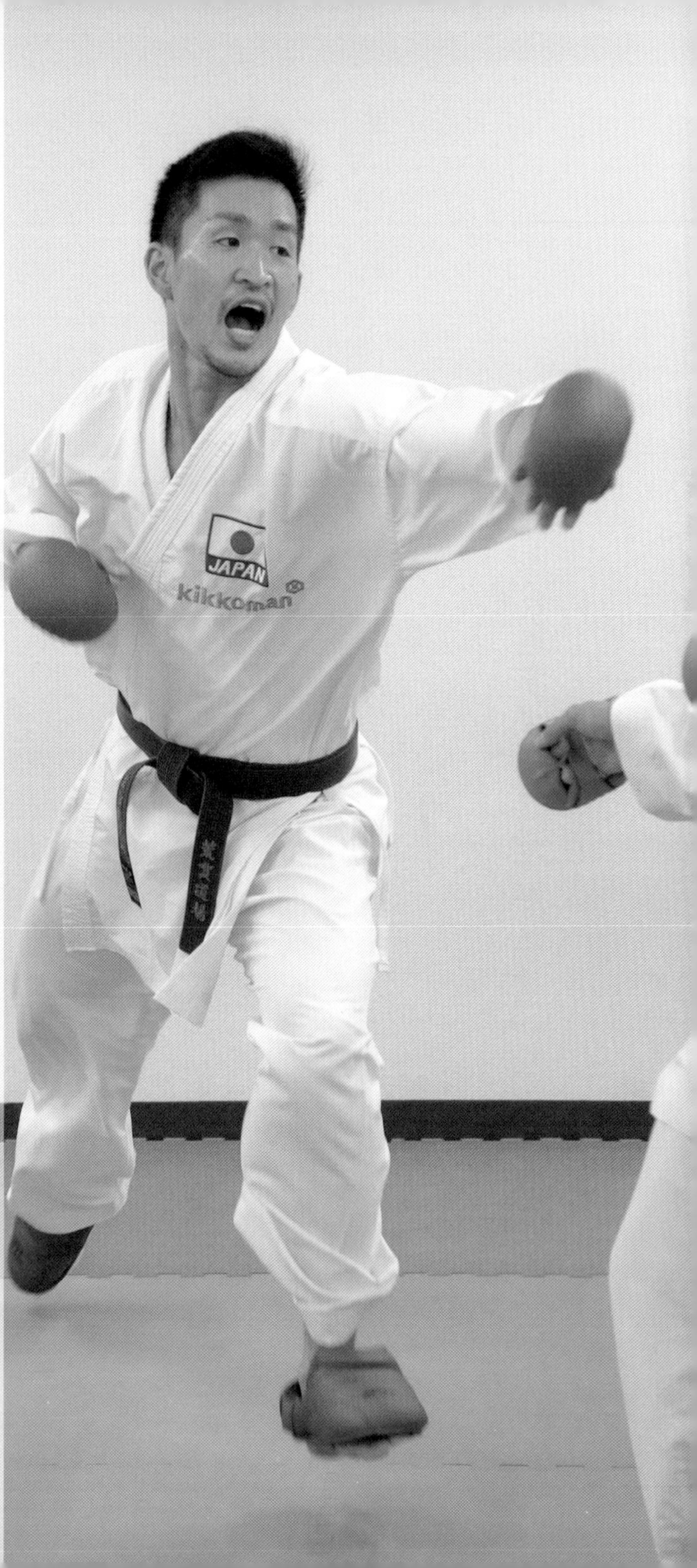

試合前には、自分の技とタイプを想定した攻撃の確認、状況を設定した戦い方を練習する

試合前、これといった明確な基準があるわけではないが、おおよそ試合の一週間程度前になったら、取り入れておきたい練習がある。一つ目は、自分の技の確認。二つ目は、対戦相手のタイプを想定した攻撃の確認。三つ目は、さまざまなシチュエーションを想定した練習だ。

つまり、普段の練習よりも、**より実戦、試合を意識した練習を取り入れることにより、心身ともに、徐々に戦闘モードに切り替えると**ともに、試合に勝つための具体策を探っていくのが望ましい。

Point 1 自分の技の確認と入り方などの整理をする

試合前になったら、技の確認を行っておこう。得意技はもちろん、あまり得意としていない技についても、スピードや技のキレ、相手との距離感などを意識し、どのような状態なのか確認しながら練習しておくことが重要だ。

また、パターンや入り方なども合わせて整理しておこう。

Point 2 タイプを想定した攻撃と、接近戦の練習をする

普段の練習でも取り入れていると思うが、試合前になったら、下がる相手や入ってくる相手など、相手のタイプを想定した攻撃の仕方を確認しておこう。

また、特に普段の練習ではあまり行わないであろう、接近戦を意識した練習を取り入れ、慣れておくことも重要だ。

Point 3 さまざまなシチュエーションを想定して練習しておく

ポイント2では、対戦相手を想定した練習を行うと解説したが、時間の使い方やさまざまなシチュエーションを想定した戦い方を確認しておくことも重要だ。

たとえば、残り30秒で先取されている場合などだ。設定を変えながら、時間も正確に計りながら練習しよう。

指南プラス+1 さまざまなシーンを設定して練習する

ポイント3で、さまざまなシチュエーションを想定して練習しておくと解説したが、残り時間やポイント差、先取しているのが相手なのか自分なのかなど、いろいろな状況を設定し、当然、時間も正しく計測する中で練習しておこう。

同時に、**ポイント2**でも触れたとおり、これらの状況設定と合わせて相手のタイプなども加味して練習しておくと、より多くのバリエーションが生まれ、状況に応じた練習に厚みを持たせることができる。

試合が近くなったら、対戦相手の研究と、より入念な体のメンテナンスを行う

試合前日など、直近になったら、**得意技や苦手な技などの確認と整理は引き続き行いながら、対戦相手が分かった段階で、相手の研究も始めよう。**過去に対戦経験がない、あるいは少ない相手であれば、なおさら過去の映像などを探して見ておいた方がいい。

また、試合前日になったら、普段よりもより入念に、体のメンテナンスを行っておこう。専属のトレーナーがいれば、その人に。トレーナーがいない場合は、より入念にケアして、関節の動きなどをよくしておこう。

Point 1 自分の得意な技、苦手な技、パターンなどを整理しておく

No.50でも解説したが、試合の前日くらいまでは、技の確認をしておくことが望ましい。

得意技はもちろんだが、苦手にしている技や苦手なパターンなども確認し、あらためて整理しておこう。技に磨きをかけたり修正するという意味合いよりは、自分の現状を整理し試合に臨むイメージだ。

Point 2 知らない対戦相手は映像などで研究しておく

No.53（P122）で詳しく触れるが、試合前日にもなれば、対戦相手は分かるので、対戦したことがないなど、よく知らない、情報の少ない相手の場合は、映像などを見て研究しておこう。

大会の規模にもよるが、初戦の相手と、二、三回戦くらいまで見ておけば十分だろう。

青田 G也
白戸 F次
赤井 E明
北川 D明
南山 C介
西田 B太
東原 A雄
荒賀 龍太郎（自分）

Point 3 関節などの動きをよくする体のメンテナンスを行う

普段から体のメンテナンスは大切だが、特に試合前日になったら、関節など体の各部位の動きをよくするため、入念にストレッチを行おう。

トレーナーなどがいる場合は、可能な限り専門知識のある人にケアを依頼するのが望ましいが、そうでない場合はより入念に。

指南 プラス+1 相手を知り、自分を知って対策を練っておく

自分の得意、不得意な技やパターンなどを確認しておくと解説した。また**ポイント2**では、対戦相手の研究についても言及したが、この二つを合わせて考えておくことも重要だ。

つまり、自分の技と研究して知り得た相手の特徴を照らし合わせ、対策を練ったり、どのような攻め方が有効かなどを検討しておくことも大切ということだ。相手をイメージして技の入り方を確認したり、逆に攻められるシチュエーションを作り、防御方法などを確認しておこう。

試合当日は、試合時間にベストな状態で臨めるよう、逆算して調整する

試合当日は、いかに**ベストな状態で試合に臨めるかを考えて調整する**ことが重要だ。そのために必要なことは、食事時間の調整と給水、アップを始めるタイミング、会場入りする直前の行動などを、試合の開始時間から逆算して考え、計画的に行うといい。

また、大会の規模や流れにもよるが、控室から試合会場に移動しても、すぐに試合が始まることはまずない。それぞれの大会の時間的な流れなどを考慮し、自分なりに時間を逆算して計画的に調整していってほしい。

Point 1
2時間前に食事を終わらせ以降は消化のよいものを

試合当日は、試合時間にもよるが、消化時間などを考えると、基本的に試合の2時間前には食事を終わらせておきたい。直前に食事をする選手はいないとは思うが、間隔が短すぎると、動きに影響する。

また、以降はゼリーなどの消化のよいものを口にするようにしよう。

Point 2
1時間半くらい前からアップを開始する

誰もが試合の前にアップを行うが、1時間半ほど前からアップを始めるため、それよりも前に、一度股関節などの可動域を広げておこう。

トレーナーなどの専門スタッフに依頼できればいいが、いない場合も、自分で各関節の可動域を広げる運動を行い、その後、アップを始める。

Point 3
試合の直前になったら、一度心拍を上げておく

会場入りする直前に、激しめのアップを行い、心拍数を上げておこう。汗を拭いて水分補給をして会場入りするくらいが丁度いい。アップを始めて徐々に体を温め、最後に一気に心拍を上げる流れだ。

会場入りしても、すぐに試合が始まるわけではないので、いい状態で試合に入れる。

指南 プラス+1
規模や流れに合わせて直前のアップを調整

ポイント3でも触れたが、試合会場に入ってすぐに試合が始まるということは、ほとんどない。大会の規模や試合会場の規模などにより違いはあるだろうが、ほとんどの場合は、会場に入ってから待ち時間はあるものだ。

軽いアップで会場入りしてしまうと、この間に体が元に戻ってしまい、アップをした意味がなくなってしまうため、激しめのアップを行うわけだ。この意味を理解し、会場や規模、時間の流れなどを考慮して、直前のアップを調整しベストな状態で試合に臨もう。

No.53
心構え

対戦相手を研究して、攻め方や対策などを練っておく

一、二回戦の相手を研究しイメージよく勝ち進んで強豪との対戦を迎える

No.51でも触れたが、試合日よりも前に対戦相手が分かるようであれば、**過去の試合映像を見るなどして、研究しておきたいところだ。**タイプ、得意な技、弱点、癖など、見ておくべき点は多い。その上で、有効な攻め方や対策などを考え、練っておこう。トーナメント表が分かるようであれば、一、二回戦くらいまで相手を見ておき、研究しておくといいだろう。

あまり先まで見越し、足元をすくわれるのは避けたいので、三回戦や四回戦など、それ以降の相手のことは考えない方がいい。二回戦くらいまでを研究してイメージよく勝ち進み、そのいいイメージを持ったまま、三回戦以降に当たる強豪との対戦を迎えよう。

No.54
心構え

試合会場に入る直前に、激しめのアップを行い、ベストな状態を作っておく

試合の直前に心拍数を上げ、スピードアップと疲労を感じにくい状態にする

No.52の**ポイント3**でも触れたが、試合直前のアップは、結果を左右しかねない大切なものなので、もう一度解説しておく。**会場入りする直前には、自分の心拍数を最高点に上げておきたいところだ。**血流の酸素量が増えるため、スピードアップにつながり、試合中に疲労を感じにくくなるという効果もあるためだ。逆の言い方をすると、心拍数を上げておかないと、動きが遅くなり、疲労感を早く感じることになってしまう。

また、No.52の**ポイント2**で触れた関節の可動域を広げる運動は、一度筋肉を緩めてから大臀筋を刺激することで、筋肉を目覚めさせることにつながるため、瞬発系の競技には必須な行為だ。

会場入りする直前に気合を発して、緊張を和らげるとともに闘争心を高める

心身共に最高の状態で試合に臨む態勢を作っておく

No.54では、試合前に激しめのアップを行い、心拍数を上げておくと解説したが、同時に行っておきたいのが、**打ち込みなどの練習の際、声を出しておく**ことだ。声を出して気合を入れて練習することにより、実は緊張感を和らげる効果が見込める。これは、緊張感がなくなるという意味ではなく、ガチガチに固まってしまうような緊張感を解す、という意味合いだと考えていい。

また、気合を入れて声を出すことによって、闘争心を呼び覚ます効果も見込める。ほどよい緊張感の中、内側からこみあげてくる闘争心を高めることで、心身共に最高な状態で試合に臨むことができるようになる。

私の得意技 6

荒賀知子のカウンターの上段突き

高校に入学したとき、どうしても勝てない先輩がいました。なぜ勝てないのか必死に研究した結果、突っ込んでいくだけではなく、頭を使って試合を組み立てる中で、待つだけでもなく、行くだけでもなく、自分が詰めて相手を出させることの重要性に気付きました。そこで、間を詰めて相手を出させておいて、カウンターを打つことに行きついたのです。

カウンターである以上、相手に出てこさせないといけないので、相手を引き出すための体の晒し方やプレッシャーのかけ方などを試行錯誤し、相手を引き込み過ぎずに吸い込む、絶妙な距離感を掴む努力をしたのを覚えています。

上段突きは、自分よりも小さい、あるいは同じくらいの背の選手には効果的な技となります。私は国内では同じ階級の中で背が大きい方だったので、国内大会ではこの技を多用しました。

引き込み過ぎずに相手を吸い込む、絶妙な距離感が重要

監修
荒賀道場

荒賀正孝

1952年生まれ　京都産業大学卒業。
1988年に荒賀道場を開設し、長女・知子氏、長男・龍太郎氏を世界選手権の王者に、次男・慎太郎氏を学生選手権や国体の王者に育て上げた空手道場の名門、荒賀道場の代表指導者。

経歴

1973年　正剛館小松原道場入門
1977年　日本空手道般若館　名称変更
1988年　荒賀道場開設
1988年　京都府空手道連盟加盟
2001年　京都府空手道連盟　事務局長
2009年　（公財）全日本空手道連盟審判委員会　委員
2013年　京都府競技力向上対策本部　空手道ヘッドコーチ
2017年　（公財）全日本空手道連盟審判委員会　副委員長
2012年　近畿地区協議会技術委員会　事務長
2016年　近畿地区協議会技術委員会　委員長
2022年　近畿地区協議会　議長
2013年　京都府空手道連盟　理事長
2019年　京都府空手道連盟　副会長
2021年　（公財）全日本空手道連盟中央技術委員会委員
2022年　（公財）全日本空手道連盟中長期基本計画策定委員会委員

戦歴

1977年　第3回財団法人 全日本空手道連盟 剛柔会全国大会 個人組手　優勝
1977年　第4回世界空手道選手権大会　東京大会　団体戦組手出場
1981年　第9回全日本空手道選手権大会　個人組手　第4位

受賞歴

2008年　京都府空手道連盟　役員功労賞
2017年　スポーツ功労者顕彰　文部科学省
2018年　京都府スポーツ功労賞　京都府
2019年　国民体育大会功労者表彰
　　　　（公財）日本スポーツ協会

指導歴

1985年　京都府空手道連盟　選手強化コーチ
1988年　荒賀道場にて指導

荒賀知子

1985年生まれ

京都産業大学卒業。華頂女子高等学校・京都産業大学・華頂女子高等学校非常勤講師空手道部コーチ

全日本空手道連盟　理事

戦歴・経歴

2004年　第17回世界空手道選手権大会　53kg級　優勝
2006年　第18回世界空手道選手権大会　53kg級　優勝
2006年　第15回アジア競技大会　空手道競技　53kg級　優勝
2005年　日本メキシコ友好親善大使に任命　　愛・地球博2005愛知
2006年　JOCスポーツ賞優秀賞
2006年　第55回日本スポーツ賞優秀選手（読売新聞社）

荒賀龍太郎

1990年生まれ

京都産業大学卒業。荒賀道場。京都産業大学空手道部　監督

全日本空手道連盟　理事

戦歴

2006～2008年　インターハイ　選抜大会　国体　全競技優勝　8冠（高校時代）
2007年　第5回世界ジュニア＆カデット空手道大会　カデット（16～17）75kg級　個人組手　優勝
2008年　第9回アジアジュニア＆カデット空手道大会　カデット（16～17）75kg級　個人組手　優勝
2008年　第36回全日本空手道選手権大会　個人組手3位　団体戦優勝
2009～2012年　第64・65・66・67回国民体育大会　重量級　優勝
2009年　第53回全日本学生空手道選手権大会　個人組手優勝
2009年　第37回全日本空手道選手権大会　個人組手優勝　団体戦優勝
2010年　open de paris karte 2010　個人組手－84kg級　優勝
2010年　第54回全日本学生空手道選手権大会　個人組手優勝
2010年　第38回全日本空手道選手権大会　個人組手3位　団体戦優勝
2011年　第39回全日本空手道選手権大会　個人組手優勝　団体戦優勝
2012年　第21回世界空手道選手権大会　-84kg級　準優勝
2012年　第40回全日本空手道選手権大会　個人組手2位　団体戦優勝
2013年　ワールドゲームズ2013 カリ大会　-84kg級　優勝
2013年　スポーツ祭東京2013 第68回国民体育大会空手道競技　重量級　第2位
2013年　スポーツアコードワールドコンバットゲームズ2013 -84kg級　第2位
2013年　第12回アジアシニア空手道手権大会　-84kg級　優勝
2013年　第12回アジアシニア空手道手権大会 -85kg級優勝
2013年　第41回全日本空手道選手権大会　個人組手2位　団体戦優勝
2014年　空手1プレミアリーグ　オキナワ ジャパン　-84kg級優勝　沖縄
2014年　第17回アジア競技大会　-84kg級 優勝
2014年　第22回世界空手道選手権大会　-84kg級　準優勝
2014年　第42回全日本空手道選手権大会　個人組手優勝　団体戦優勝
2015年　2015紀の国わかやま国体 第70回国民体育大会空手道競技　重量級　優勝
2015年　第43回全日本空手道選手権大会　個人組手優勝　団体戦優勝
2016年　第23回世界空手道選手権大会　-84kg級　優勝
2016年　第44回全日本空手道選手権大会　個人組手優勝　団体戦優勝
2017年　第45回全日本空手道選手権大会　個人組手2位　団体戦優勝
2018年　第18回アジア競技大会　-84kg　優勝
2018年　KARATE 1プレミアリーグ　ベルリン2018
2019年　第16回アジアシニア空手道選手権大会　3位
2019年　KARATE1プレミアリーグ　モロッコ　2位
2019年　KARATE1プレミアリーグ　東京　1位
2019年　KARATE1プレミアリーグ　モスクワ　2位
2019年　KARATE1プレミアリーグ　マドリード　3位
2020年　KARATE1プレミアリーグ　パリ　2位
2021年　KARATE1プレミアリーグ　リスボン　2位
2021年　東京オリンピック　銅メダル

荒賀慎太郎

1993生まれ

京都産業大学卒業。荒賀道場

戦歴

2011年　第38回全国高等学校空手道選手権大会　個人組手　優勝
2011年　おいでませ！山口国体 第66回国民体育大会空手道競技　少年男子組手　優勝
2012年　第1回東アジアジュニア&カデット及び第2回東アジアシニア空手道選手権大会　-60kg級　第2位
2012年　第11回アジアシニア空手道手権大会　-60kg級　第3位
2013年　第3回東アジアシニア空手道選手権大会　-60kg級　第3位
2013年　2013年第68回国民体育大会（東京国体）　軽量級　優勝
2013年　第12回アジアシニア空手道手権大会　-60kg級　第3位
2014年　長崎がんばらんば国体 第69回国民体育大会空手道競技　軽量級　優勝
2015年　2015紀の国わかやま国体 第70回国民体育大会空手道競技　軽量級　優勝
2017年　KARATE 1シリーズA　ザルツブルク2017　-67kg　第3位

動画のまとめページはこちら

https://youtube.com/playlist?list=PLKdpeEtO8Wz1aznmqEEFkfrYMHGDz6HaT

※二次元コードについては、お手持ちのスマートフォンやタブレット端末バーコードリーダー機能や二次元コード読み取りアプリ等をご活用ください。
※機種ごとの操作方法や設定等に関するご質問には対応しかねます。
その他、サーバー側のメンテナンスや更新等によって、当該ウェブサイトにアクセスできなくなる可能性もあります。ご了承ください。
※YouTubeの視聴には、別途通信料等がかかります。また、圏外でつながらないケースもあります。あわせてご了承ください。
※空手組手動画の権利は冨沢淳と株式会社メイツユニバーサルコンテンツに属します。再配布や販売、営利目的での利用はお断りします。

STAFF

●企画・取材・原稿作成・編集
冨沢　淳

●編集協力
沖縄空手古武道康寧塾

●写真
有限会社アーネスト
丸山　尚

●動画・写真撮影（第５章）
さくらムービー
（株式会社浦和映像技研）

● Design & DTP
河野真次

●監修
荒賀道場
荒賀正孝

1952年生まれ　京都産業大学卒業。
1988年に荒賀道場を開設し、長女・知子氏、長男・龍太郎氏を世界選手権の王者に、次男・慎太郎氏を学生選手権や国体の王者に育て上げた空手道場の名門、荒賀道場の代表指導者。

動画付き改訂版
空手「組手」戦術の極意55

2023年4月20日　第1版・第1刷発行

監　修　荒賀道場　（あらがどうじょう）
発行者　株式会社メイツユニバーサルコンテンツ
代表者　大羽　孝志
〒102-0093 東京都千代田区平河町一丁目1-8
印　刷　株式会社厚徳社

◎『メイツ出版』は当社の商標です。

ISBN978-4-7804-2756-1 C2075 Printed in Japan.

ご意見・ご感想はホームページから承っております。
ウェブサイト　https://www.mates-publishing.co.jp/

編集長:堀明研斗　　企画担当:堀明研斗

※本書は2018年発行の『空手「組手」 戦術の極意55　最強道場が教える実戦のコツ』を元に、動画コンテンツの追加と必要な情報の確認･更新を行い、書名を変更し新たに発行したものです。